U0657180

从零开始学互联网理财

杨章伟 李自连 陈丹 ◎编著

清华大学出版社
北 京

内容提要

本书旨在为读者介绍当前互联网理财领域中的相关概念、具体操作和主流理财产品，帮助读者了解和选择适合自己的互联网理财产品，通过比较互联网理财与传统理财，阐述了互联网理财的优势和风险，同时深入剖析了银行理财产品、余额宝、微信理财通、百度理财、P2P理财、众筹理财等互联网理财产品及方式的特点和收益，并通过实际操作介绍了主流理财产品的投资、体现、查看收益和移动终端操作。

本书图文并茂，适合从事互联网理财的投资者或对互联网理财产品感兴趣的读者。

图书在版编目(CIP)数据

从零开始学互联网理财 / 杨章伟，李自连，陈丹编著. — 北京：清华大学出版社，2016
　ISBN 978-7-302-44282-0

　Ⅰ. ①从…　Ⅱ. ①杨…　②李…　③陈…　Ⅲ. ①互联网络—应用—私人投资
Ⅳ. ①F830.59-39

　中国版本图书馆 CIP 数据核字(2016)第 164314 号

责任编辑：张立红
封面设计：邱晓俐
版式设计：方加青
责任校对：李　安
责任印制：王静怡

出版发行：清华大学出版社
　　　　　网　　　　址：http://www.tup.com.cn，http://www.wqbook.com
　　　　　地　　　　址：北京清华大学学研大厦 A 座　　　　邮　　编：100084
　　　　　社 总 机：010-62770175　　　　　　　　　　　　邮　　购：010-62786544
　　　　　投稿与读者服务：010-62776969，c-service@tup.tsinghua.edu.cn
　　　　　质 量 反 馈：010-62772015，zhiliang@tup.tsinghua.edu.cn
印 装 者：北京亿浓世纪彩色印刷有限公司
经　　销：全国新华书店
开　　本：170mm×240mm　　　印　　张：12.75　　　字　　数：340 千字
版　　次：2016 年 7 月第 1 版　　　印　　次：2016 年 7 月第 1 次印刷
定　　价：59.80 元

产品编号：067024-01

前言

"你不理财，财不理你。"这句广为流传的话，表明了理财在人们心目中的地位。互联网理财是一种新兴的理财方式，凭借便捷、快速和安全的特点，迅速在理财市场中开辟了一块新兴区域。

借助互联网，无论是个人理财还是企业管理资金，都可摆脱银行柜台的制约，即使不在银行的工作时间内，也能足不出户地享受理财的乐趣。在互联网理财中，理财软件以及每日的购物信息、股价、汇率的筛选都由互联网提供。伴随着互联网在国内广泛的应用和经济的飞速发展，互联网理财逐渐被人们所接受。如今，购买理财产品、证券、保险的买卖与个人理财投资都可以在互联网上进行。互联网理财已经显示出了巨大的发展空间。

本书通过比较互联网理财与传统理财，阐述了互联网理财的优势和风险，同时深入剖析了银行理财产品、余额宝、微信理财通、百度理财、P2P理财、众筹理财等互联网理财产品及方式的特点和收益，并通过实际操作介绍了主流理财产品的投资、体现、查看收益和移动终端操作，通过对当前互联网理财领域中的相关概念、具体操作和主流理财产品的介绍，帮助读者了解和选择适合自己的互联网理财产品。

本书特点

- 内容覆盖面广。本书对当前主流的互联网理财产品进行了介绍，内容涵盖银行理财产品、余额宝、微信理财通、百度理财、P2P理财、众筹理财，并对这些理财产品的收益和风险进行了对比。
- 讲解细致体贴。为了让读者更快地了解各类理财产品的特点和操作，本书设计了适合入门者的学习方式，用准确的语言总结概念，用完整的示例展现流程，用直观的图示演示操作。

- 实例贴切实际。本书在介绍互联网理财概念时，贯穿了许多具有针对性的典型实例，并给出了用户进行具体操作的技巧和建议，以便让读者更好地理解各种互联网理财产品的实践操作。

- 注重技巧和类比。针对互联网理财产品和方式多样，用户难以比较和抉择的问题，本书从收益、风险等方面对当前主流的产品进行了优劣比较，并详述了工具软件、网站和操作技巧，可操作性极强。

本书持有一贯的语言风格，在措辞上尽量做到浅显易懂，使所有读者都能从书中获得知识。本书在编写时，鉴于作者水平有限，难免有疏漏之处，敬请广大读者朋友批评指正，并提出宝贵意见。

读者定位

- 传统金融行业的从业人员
- 互联网理财产品投资者
- 新入门的理财人士
- 在支付宝上有余钱的购物狂人
- 高校或培训机构师生
- 想了解互联网理财市场的各类人员

关于作者

杨章伟：互联网理财实践者、高校副教授，毕业于中国人民大学，现为省信息网络安全工程师、市网络与信息安全应急管理专家，曾担任企业的互联网管理、安全职位，熟悉互联网理财市场，并具有丰富的实际操作经验，对互联网理财产品有独特的见地。

本书由杨章伟、李自连、陈丹组织编写，同时参与编写的还有冯桂红、苏娟、程斌、胡亚丽、焦帅伟、李凯、刘筱月、马新原、能永霞、商梦丽、王宁、王雅琼、徐属娜、于健、周洋、张昆、陈冠军、范陈琼、郭现杰、罗高见、何琼、晁楠、雷凤，在此一并表示感谢！

目录

第4章 — 余额宝

第7章 — P2P理财

第8章 — 众筹理财

第1章
互联网理财概述

在人们的生活中常流传着这样一句话："你不理财，财不理你。"这充分说明了理财在人们心中的地位。互联网理财是一种新兴的理财方式，凭借便捷、快速和安全的特点，迅速在理财市场中开辟了一块新兴区域。那从未接触过互联网理财的小白投资者如何快速地了解这种新型理财方式呢？本章将引领大家进入互联网理财的世界，领略这个正迅速发展的理财新方式的魅力。

1.1
什么是互联网理财

随着互联网的日益发展，人们在生活中越来越离不开网络，比如通过互联网进行工作、娱乐和购物等。在网络交易平台的影响下，网上银行逐渐成为人们进行金融交易的首选，于是理财也就有了新的发展方向——互联网理财。

借助互联网，无论是个人理财还是企业管理资金，都可摆脱银行柜台的制约，即使不在银行的工作时间内，也能足不出户地享受理财的乐趣。这是人们选择互联网理财的最主要原因。那么，什么是互联网理财呢？

顾名思义，互联网理财是通过互联网进行理财投资的业务，同时，一些金融机构通过信息网络提供相应的金融服务。如果需要用专业的表述来解释互联网理财，那么互联网理财是指投资者或家庭通过互联网获取商家提供的理财服务和金融资讯，根据外界条件的变化不断调整其剩余资产的存在形态，以实现个人或家庭资产收益最大化的一系列活动。

在互联网理财中，理财软件以及每日的购物信息、股价、汇率的筛选，都由互联网提供。伴随着互联网在国内的广泛应用和经济的飞速发展，互联网理财的概念逐渐被人们接受。如今，购买理财产品、证券，保险的买卖与个人理财投资都可以在互联网上进行。互联网理财已经显示出了巨大的发展空间。

人们对待互联网理财模式持什么态度？是否越来越多的人正在投资互联网理财产品呢？根据Assuredsample[TM]在线样本库的调查显示，60.4%的受访者正在使用互联网理财模式投资；22.2%的人虽然还没有投资互联网理财产品，但是准备尝试；12.7%的人仍处于观望状态；仅4.7%的受访者明确表示没有投资互联网理财产品的打算。由此可见，超过80%的客户认可互联网理财模式，表明这种方式已被大众所接受。

互联网理财是一种新兴事物，大家应该在实践中学习，将学习的知识应用到实践中，逐步提高自己的理财能力。在日常生活中，理财贯穿生活中的

各个细节，随着网络与人们生活的日益融合，互联网理财将会成为人们生活中的一个热点。

1.2
互联网理财与传统理财的区别

互联网理财一经问世，便吸引了人们的注意力，也取得了惊人业绩，这是传统理财所不能比拟的。根据数据显示，2014年末，几个主要的互联网理财产品规模总额已超过万亿元。中国互联网络信息中心（CNNIC）发布的第34次《中国互联网络发展状况统计报告》显示，截至2014年6月，中国网民规模约6.32亿，其中互联网理财用户数达6383万，逾一成网民使用在线理财。

互联网理财之所以能够在短时间内迅速取得客户的认可，是因为它与传统理财方式的显著区别。与传统理财方式相比较，互联网理财模式有许多更为吸引客户的特征，主要体现在以下几个方面。

（1）互联网理财模式采用的运行模式不同。与传统理财机构的"重资产"不同，互联网理财采取"轻资产"模式运行。互联网理财并非是完全创新的理财产品，而是将互联网的平台资源优势跟传统理财的专业优势有机结合，进行跨界合作，削减了繁杂的线下架构和人员配置，最大程度节省管理和营销成本，将更多的收益让给消费者。

（2）互联网理财模式采用的技术手段不同。互联网理财利用开放的技术手段，加速信息处理效率和金融脱媒，逐渐培养无中介式金融市场，从而降低交易成本。互联网理财服务选择与线下优质标的方合作，提供简单明确的产品结构说明和操作流程，大大提高了效率。

（3）互联网理财模式的针对用户不同。与传统理财所推崇的"二八定律"不同，互联网理财崛起是由庞大的基层用户产生的长尾效应撑起的。传统理财的门槛一般以万元级起步，而互联网理财则是低门槛，即使是一分钱也可投资，使得个人零散资金获得更高的收益回报。这种低门槛、高收益、高流动性的特点更能贴合大众理财需求。

长尾效应是指那些数量巨大、种类繁多的产品或者服务，其中很大一部分得不到足够重视，但是零零散散的这些冷门产品或服务的总收益却超越了主流商品。长尾效应的根本就是强调"个性化""客户力量"和"小利润大市场"。

（4）互联网理财模式的产品理念不同。与传统理财所推崇的产品理念有所不同，互联网理财更倾向于从用户角度出发，打破壁垒，集众家之长，设计符合用户理财需求的产品，更容易得到投资者的青睐。

随着金融机构和互联网公司等多方力量的日趋融合，互联网理财已是大势所趋，未来互联网理财还会出现更多定制化的服务。数据显示，中国6亿多网民中，还有60%的人正在逐步接受数字化，这些人未来都有可能成为互联网理财的目标受众。

传统的金融理财市场与互联网领域的金融理财市场相比，后者所体现出来的创新性具有重要意义。首先，互联网理财具有业务创新的特性，互联网理财模式以互联网技术为支撑，以潜在的网络投资群体为主要对象，将通过互联网进行的理财模式打造成一项新型的理财业务；其次，互联网理财具有市场创新的特性，它开辟了新的理财渠道；最后，互联网理财模式推动了金融理财服务的完善和规范，加快了传统理财方式的服务转变。

1.3
互联网理财的优势

互联网理财模式相对于传统理财方式而言，有许多不同之处，这也形成了互联网理财的独特优势。正是由于互联网理财充分借助了互联网的高效、便捷的信息流通，才能在短期内取得迅速发展。总的来说，互联网理财模式的优势体现在如下六个方面。

■ 信息优势

信息优势主要体现为信息量的广泛与传播的迅速。投资者毕竟不是专家，长久以来困扰着他们的是信息不对称的问题。选择互联网理财模式，投资者可以在网上轻松地掌握全国各地甚至全球的财经信息，而各金融网站传递的信息几乎没有数量限制。一般来说，网络证券交易提供的行情更新时间在8～10秒内，快于其他任何一种传播方式。

■ 成本优势

互联网理财服务与传统的理财服务相比，节省了大量的运营成本，使服务供应商能够不断地提高服务质量和降低服务费用，最终使投资者受惠。首先，节省了设立庞大经营网点的费用；其次，大幅度节省了通信费用；再次，整合了数据等资源，优化了工作流程。数据统计显示，一般新建一家营业部需一次性投资500万～2000万元，日常营业费用为每月25万～80万元，而发展虚拟的网上理财网站的投资仅为其1/3～1/2，日常费用更是只有其1/5～1/4。

■ 时空优势

互联网理财空间上覆盖面广，业务范围可以覆盖全球，拥有无限扩张的全球化目标市场；时间上提供全天候营业服务，真正做到了每周7天、每天24小时营业，极大地方便了客户。

■ 服务优势

互联网理财可以提高服务质量，最明显的就是给投资者提供个性化服务。以前，一般投资者因为自身水平限制，要进行技术面分析和基本面分析都是相当困难的，需要耗费大量的时间和精力。但是借助互联网，尤其是网络的信息搜集功能，投资者可以获得权威的研究报告和现成的投资分析工具。

■ 效率和质量优势

在金融市场上，效率就是金钱。而理财活动要耗费投资者大量的时间、金钱和精力去搜集信息、研究市场行情、研究投资工具、做投资决策等。互联网理财的运用可以节省投资者每一步的投入，提高理财的效率，使投资者处处掌握先机，最终提高投资者的应变能力。而且，互联网技术和计算机技术的应用，使投资者可以减少投资的盲目性和随意性，提高了理财活动的质量。

■ 收益优势

当前，银行活期存款利率仅有0.35％，如果是小额存款，利息几乎可以忽略不计。即使是号称高收益的中短期银行理财产品，其利率也只是在3％～4％左右，几十万的投资，收益也不过几百元。对比来看，互联网理财模式由于成本的降低，其收益也要高于传统理财方式。

随着互联网用户年龄结构向成熟化阶段的发展，互联网理财将在国内数亿网民中迅速传播并得到进一步的宣传。基于互联网理财模式的多种优势，互联网理财将受到越来越多的客户欢迎。

1.4 互联网理财产品知多少

当读者对互联网理财模式及其优势有大致了解后，就需要了解互联网理财产品的种类。由于互联网理财产品众多，且不同类型的产品收益率、风险各不相同，又关系到投资者的切身利益，所以投资者需要谨慎选择。

一般来说，互联网理财产品分为"宝宝类"理财产品、P2P网贷和众筹理财三种类型，每一种类型都包含多个具体的产品。

■ "宝宝类"理财产品

"宝宝类"理财产品包含了许多互联网公司和金融机构推出的理财产品，其中以阿里巴巴公司推出的"余额宝"产品为代表。一般来说，业界主要将互联网"宝宝类"产品分为三种。

（1）基金公司发行的"基金系"理财宝类产品，如表1-1所示。

表1-1　部分"基金系"理财宝类产品

编号	产品名称	发行机构	7日年化收益率%（2015年4月3日）
1	汇添富现金宝	汇添富基金	4.611
2	中银活期宝	中银基金	4.766
3	嘉实活期乐	嘉实基金	5.927
4	工银瑞信现金	工银瑞信基金	4.542
5	广发钱袋子	广发基金	4.534

（2）银行发行的"银行系"理财宝类产品，如表1-2所示。

表1-2　部分"银行系"理财宝类产品

编号	产品名称	发行机构	7日年化收益率%（2015年4月3日）
1	交行快溢通	交通银行	5.927
2	中信薪金煲	中信银行	4.949
3	北京农商凤凰	北京农商银行	4.949
4	兴业掌柜钱包	兴业银行	4.821
5	民生如意宝	民生银行	4.786
6	渤海添金宝	渤海银行	4.745

（3）互联网公司、电商平台等第三方支付平台发行的"第三方支付系"理财宝类产品，如表1-3所示。

表1-3　部分"第三方支付系"理财宝类产品

编号	产品名称	发行机构	7日年化收益率%（2015年4月3日）
1	余额宝	阿里巴巴	4.450
2	微信理财通	腾讯	4.631
3	百度百赚	百度	4.254
4	京东小金库	京东	5.117
5	苏宁零钱宝	苏宁	4.631
6	网易现金宝	网易	4.611
7	新浪微财富	新浪	4.611

以上所列的为主要的、关注度较高的几种"宝宝类"理财产品。这类产品也是门槛最低、适合大众投资的产品。本书将主要介绍其中的几种。2014年，"第三方支付系"和"银行系"理财宝类产品数量爆发性增长，基本实现了主要网络平台和银行的全覆盖。据融360发布的《2014年互联网金融报告》显示，截至2014年12月31日，"宝宝类"理财产品数量已达79个，规模超1.5万亿元。

■ **P2P网络信贷产品**

P2P网络小额信贷是一种通过互联网进行小额融资的方式。所谓P2P是一端连接有小额借款需求的人，另外一端对接有理财需求的人。P2P网络信贷产品必须依托于一个互联网融资平台，其操作方式为：借款人向平台申请借款，平台在对借款人信息进行确认后，将其公布在平台上，出借人了解对方身份信息和信用信息后，通过平台向借款人提供小额贷款，以获得投资回报。其流程如图1-1所示。

图1-1　P2P网贷流程

P2P是peer-to-peer的缩写，可以理解为"伙伴对伙伴"，或称为对等联网。P2P直接将人联系起来，让借款人和出借人通过互联网直接交互。P2P使网络上的沟通变得更容易、更直接共享和交互，真正消除了中间商，为企业与个人提供更大的方便。

目前，P2P网贷的代表有美国的Prosper和Lending Club P2P平台，国内主要有人人贷、陆金所、宜人贷等平台。在P2P网贷产品中，投资者所获得的收益也比在银行存款高出许多，一般年化收益都超过10%，高的甚至超过20%。在此类平台上贷款，借款成本大多高于银行借款，一般以短期借款为主。

■ 众筹融资产品

众筹是指创意人向公众募集小额资金或其他支持，再将创意实施结果反馈给出资人，出资人从中获取相应的回报。同样，众筹融资必须依托平台，由平台为客户提供发起筹资创意，整理出资人信息，公开创意实施结果，平台收取一定比例的手续费。

众筹是通过互联网方式发布筹款项目并募集资金。相对于传统的融资方式来说，众筹更为开放，项目的商业价值也不再是能否获得资金的唯一标准。只要是网友喜欢的项目，都可以通过众筹方式获得项目启动的第一笔资金。这为更多小本经营或创作的人提供了无限的可能。

众筹利用互联网传播的特性，让小企业、艺术家或个人向公众展示他们的创意，争取大家的关注和支持，进而获得所需要的资金援助。一般来说，众筹由发起人、支持者和平台构成，筹资项目必须在发起人预设的时间内达到或超过目标金额才算成功。图1-2为众筹的流程示意图。

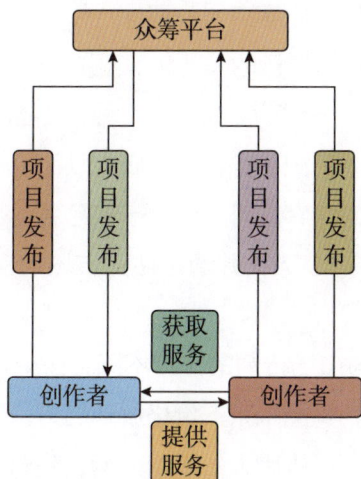

图1-2　众筹流程示意图

目前，国内外从事众筹产品的平台有很多，如Kickstarter、追梦网、众筹网等。众筹融资能更好地促进创新创业。对于投资者来说，众筹平台可以让其直接支持自己看好的创意和项目，同时也能分享项目成功后的回报，是当前一种独特的互联网理财项目。

1.5
小白理财如何操作

互联网理财为投资者，尤其是个人投资者，提供了极为方便的投资途径。对于习惯了传统理财方式或理财新入门的小白客户来说，互联网理财如何操作？

面对信息海洋和瞬息万变的理财市场，只有充分利用互联网手段才能处处掌握先机。一般而言，互联网理财可以遵循以下步骤。

（1）选择投资领域。理财投资包括很广泛的领域，比如在国内和国外的货币市场、资本市场、商品市场、房地产市场都可以进行投资。因此，客户在做出投资决定前需要关注各方面的网络信息源。

（2）**选择理财工具**。理财工具的选择往往与理财产品的选择相结合，因此，在理财工具的选择上，客户一般要综合权衡各种资产存在方式的流动性、安全性、风险性，根据自己的需要和风险偏好进行选择。

（3）**分析市场行情**。市场行情决定了理财产品的收益率，所以，客户需要跟踪选定理财工具的历史走势，通过研究以往价格和交易量数据，进而预测产品未来的价格走向。客户可以侧重于产品历史数据生成图表与公式的分析，捕获主要和次要的趋势，并通过估测市场周期长短，决定买入（卖出）的时机。

（4）**研究投资**。与市场行情的分析不同，研究投资分析强调的是从影响资产价格的因素出发，预测未来的价格波动趋势。例如，对于偏股型理财产品而言，这些因素包括经济因素、政治因素、公司自身因素、行业因素、市场因素、心理因素等。

（5）**核实投资对象**。对投资者来说，核实投资对象是互联网上开发利用程度最低的领域。客户可以登录专门的投资分析网站，也可以通过搜索引擎或目录服务得到此类信息。当然，由于互联网的开放性和隐蔽性，存在一些为了操纵市场价格而传播虚假信息的投资者或机构，需要投资者对互联网信息有较高的判断和识别能力。

（6）**发出交易指令**。投资者在做好充分的准备工作以后，就可以发出实际的交易指令。现在国内外有很多互联网理财交易平台，投资者登录后可以自由选择证券、保险等各种理财产品。

（7）**监控交易**。在发出交易指令之后，投资者还要通过各种方法收集市场信息，监控资产的市场价格变化，以及时调整投资方案。在这方面，互联网发挥着越来越重要的作用。很多网站提供从实时报价到收盘价的全方位服务，同时提供各种各样的投资建议。

以上步骤表述的只是进行互联网理财的通用过程，当然不是所有的理财操作都需要经过这些步骤。理财新入门的小白客户可以根据自身情况选择收益率较为稳健的互联网理财产品。

1.6
互联网理财都有哪些风险

尽管金融机构、互联网巨头公司和投资者都在各个方面积极维护互联网理财的信息和资金安全，但投资理财都是有风险的，而且互联网理财产品在资金安全方面的风险要大于传统的银行理财产品。因此，投资者在进行互联网理财前，首先要对互联网理财的风险有大致了解。总的来说，互联网理财过程中的风险包括以下几个方面。

■ 收益率不稳定

互联网理财产品的收益率高于传统理财产品，这是不少投资者转入互联网理财的主要原因，也是许多用户将银行储蓄"搬家"的原动力。微信理财通上线当天号称7日年化收益率达到7.529%，超过余额宝的6.46%。此前百度百发曾打出8%的收益率。如此之高的收益率确实远远高于传统理财产品。然而，7日年化收益率并不能实现投资的实际收益。随着2014年资金紧张状况加剧，余额宝、微信理财通和百度百赚等几个主要互联网理财产品的收益率已经下降到4%～5%，接近传统理财产品的收益率了。

■ 用户资金安全存在风险

现阶段的互联网理财中的资金投向多为协议存款，投资行为相对简单，投资者操作的流程相对简单，而理财机构，诸如余额宝，缺乏整体投资运作能力和管理规模能力。一般情况下，传统的商业银行会对首次购买理财产品的客户进行风险承受能力评估，然而互联网企业销售理财产品却不用。许多实例表明，在没有专门条文约束的互联网金融背景下，部分产品存在资金投向说明不够、网络平台风险责任不清、风险揭示不足等问题。

■ 创新之举不足

互联网理财产品在运作上具有亲民性，如灵活转换、低门槛等，但本质上只是把一些货币基金、理财基金进行再包装。这些看似新鲜的理财产品，大多是投资者熟悉的基金。电商平台凭借理财产品为其客户做增值服务，如创新T+0、免费银行转账等。事实上，银行同样拥有很多类似的理财产品，只是银行缺乏以更通俗易懂、更简易的操作方式让投资者了解并接触到的理财产品。

■ 补贴回报凑出高收益

在互联网理财领域上，一些产品提供高收益率的原因在于其收益结构是以常规收益加补贴收益维持的。这种方式既吸引了投资者，又规避了监管。但补贴收益只能通过特定的方式才可获得。

■ 不适合长期投资需求

互联网理财产品绝大部分是短期理财和低风险品种，类型较为单一。对于财务全面部署和长期规划来说，这样的产品并不充足和完善，投资者应有更多元化的考量。

■ 机构存在信用风险

为了吸引投资者，互联网金融机构都推出了担保方案，但除少数资金实力雄厚、风险控制体系健全的行业领军企业外，许多企业推出的担保方案并不靠谱，一旦信用风险大规模袭来，"担保不保"将有可能成为残酷的现实。

■ 监管缺失

就目前而言，互联网金融的监管还存在不少盲点，尤其是投诉与监管方面。在当下互联网金融已经逐渐步入正轨的情况下，相关部门尚未针对之前出现的纠纷和发展情况出台法律政策。

对于投资者来说，互联网理财以低门槛、高收益和灵活的服务特点走在传统理财方式的前面，使得各银行、基金公司都分别推出了互联网理财产品，从而让投资者的理财渠道更为宽广，理财方式更为多样。

尽管互联网理财存在一些风险，但其作为我国一项最具发展潜力的金融创新业务，具有重要的战略意义。互联网理财所营造出来的创新理财模式和理财渠道，不仅创造了理财界的奇迹，还燃起了以互联网为依托的理财热，同时带动金融市场的发展，缓解了中小投资者的融资难的困境，还将碎片化的资金整合，盘活了一定的存量，降低了融资成本，但对实体经济有着不小的影响。

1.7
互联网理财都有什么安全保障

尽管目前互联网理财风生水起，在短时间内获得了大量投资者的关注和认可，但存在安全保障问题。一般来说，互联网理财的安全主要由网银和网络平台自身提供的安全措施来保障，主要包括如下几个方面。

■ 网上银行的安全保障

通过互联网进行理财必然要用到网上银行。目前国内各大银行的网银安全保障措施非常丰富。网上银行采取了双重认证，客户通过用户账号和密码登录后，还需要动态密码验证、浏览器证书或客户证书等多种安全认证方式，才能通过网上银行进行各种转账、支付等操作。这些措施极大地加强了网上银行的安全性，成为互联网理财安全保障的第一道安全门户。

■ 平台自身的安全保障

为了保障投资者账户和资金的安全，各互联网理财平台都采取了非常严格的安全保障措施。例如，工行、建行等各大银行推出的互联网理财产品依托于各自的网上银行系统进行申购和赎回等操作，并通过U盾、动态口令或手机短信等方式保障资金安全；阿里巴巴、百度等互联网公司推出的理财产品由其平台自身的安全证书、用户校验码等手段提供安全保障；基金公司推出的理财产品则由第三方支付平台，如支付宝、易支付等平台保障安全。

■ 客户的资金安全保障

在互联网理财过程中，客户最担心的就是自己的资金是否安全，是否会因为互联网公司或基金公司资金链的断裂而造成资金的损失。为了保障客户的资金安全，各平台提供了风控措施，主要包括杠杆倍数、担保方式和资金托管三种方式。例如，余额宝产品将资金委托给第三方公司管理，并提供会员保障计划，资金出现安全问题统一赔付，有效地保证了客户的资金安全。

此外，投资者自身的安全意识也是保障互联网理财安全的重要环节。简单来说，客户在进行互联网理财前需要通过以下几个措施来提高自身安全意识。

（1）要保护好自己网银的用户名和密码。在任何情况下，都不要轻信任何企图套取网银用户名和密码的行为。此外，U盾、手机交易码等都是保障用户账户安全的又一层保护伞。所以，用户要妥善保管好自己的U盾，手机最好做到不离身。

（2）要选择安全可靠的理财机构或者理财网站。例如，确认该网站的合法证件，包括证券期货投资咨询从业专职人员证件、监管部门发布的许可，甚至具有法律效应的开户证明、协议文件等；查验这些理财投资网站的ICP备案、增值电信业务经营许可证等是否完备，凡是无备案、无认证信息的网站一定要提高警惕。

（3）要详细了解理财项目的资金支配、投资方向、收益状况等信息，并索取相关的纸质资料和文件，最好到投资理财公司进行实地考察后再做决定。

在客户选择不同的互联网理财产品时，所属平台都会向客户提供有关产品安全保障的相关资料，客户在购买之前可以仔细阅读。事实上，随着互联网金融的快速发展，各金融机构和互联网行业都在不遗余力地推进互联网金融安全，其中包括研发安全控件、推进数字认证和提高客户安全意识等措施。我们可以相信，未来的互联网金融领域将会越来越安全。

1.8 小结

本章简要介绍了互联网理财的基本概念、优势以及与传统理财方式的区别等方面，便于理财新入门的投资者快速了解互联网理财相关知识。此外，本章通过列表的方式对当前热门的主要互联网理财产品做了概述，列举了产品的依托平台和7日年化收益率等参数，便于投资者比较。最后，为了使投资者了解互联网理财的风险，本章阐明了互联网理财的步骤、可能存在的风险和安全保障措施。

第2章

互联网理财的前期准备

通过上一章互联网理财概述的介绍，大家对互联网理财的优势和风险都有了大致了解。在具体通过互联网进行理财操作前需要先做一些前期准备工作，这就是本章即将介绍的个人网上银行的相关操作及注意事项。

2.1 开通个人网上银行

拥有一张银行卡并开通对应的个人网上银行（简称个人网银）是开启互联网理财的第一步。如今，几乎所有商业银行都启用了网上银行（简称网银）功能，并允许用户在网上自主注册和登录，这极大地方便了客户开通个人网银。

网上银行，又称网络银行、在线银行，是指银行利用互联网技术，通过互联网向客户提供诸如开户、查询、对账、转账、网上证券、投资理财等传统服务项目，使客户即使足不出户也可安全便捷地管理活期和定期存款、信用卡及个人投资等。可以说，网上银行是互联网上的虚拟银行柜台。因为网上银行不受时间和空间限制，能够在任何时间(Anytime)、任何地点(Anywhere)，以任何方式(Anyway)为客户提供金融服务，又被称为3A银行。

个人网银是网上银行针对个人用户的功能界面，用户可以在个人网银上实现查询、转账和投资理财等功能。那么，如何开通个人网银呢？首先必须拥有一个银行账户或一张银行卡，才能在对应银行的网站上自助开通个人网银。各大商业银行都允许用户在其网上银行中自助开通个人网银，其操作流程大致相同。以中国工商银行的个人网银为例，其开通流程如图2-1所示。

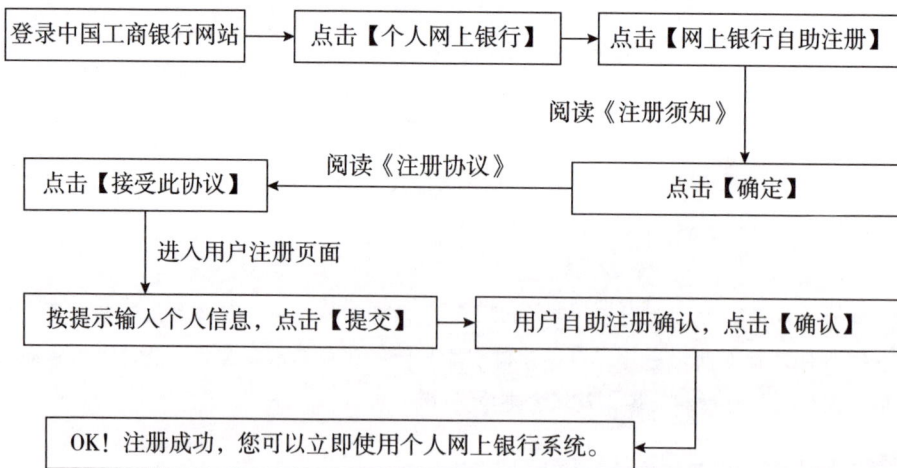

登录中国工商银行网站 → 点击【个人网上银行】 → 点击【网上银行自助注册】

阅读《注册须知》

点击【接受此协议】 ← 阅读《注册协议》 ← 点击【确定】

进入用户注册页面

按提示输入个人信息，点击【提交】 → 用户自助注册确认，点击【确认】

OK！注册成功，您可以立即使用个人网上银行系统。

图2-1　中国工商银行个人网银开通流程

事实上，不仅是中国工商银行的开通流程需要经过如上几个步骤，其他银行，如中国银行、中国建设银行和中国农业银行等，银行自助开通个人网银的流程都基本类似。为方便读者更好地掌握自助开通个人网银的具体流程，下面还以中国工商银行为例，列出详细步骤。

（1）登录中国工商银行网站。在网页浏览器中输入中国工商银行网址：http://www.icbc.com.cn后，按回车键即可打开工行网站，进入工行首页，如图2-2所示。

图2-2　中国工商银行网上银行首页

注意： 用户登录银行网站最好通过手动输入网址的方式进入，避免网络搜索或他人提供的网址是钓鱼网站。用户应记住几个常用银行的网址。

（2）点击【注册】，开始自助开通操作。在图2-2所示的首页中点击【个人网上银行】下方的【注册】即可进入中国工商银行的自助注册页面，如图2-3所示。

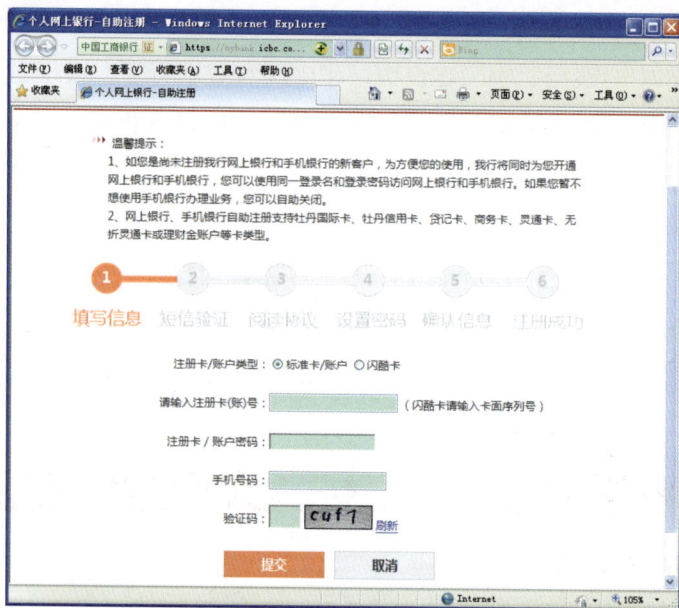

图2-3 自助注册页面

（3）按照图2-3所示的向导完成注册。用户首先需要填写自己的银行卡号或账号和密码，并输入手机号码，以便银行进行短信验证，后输入验证码，提交后进入短信验证页面，接着阅读并接受银行的协议，如图2-4所示。

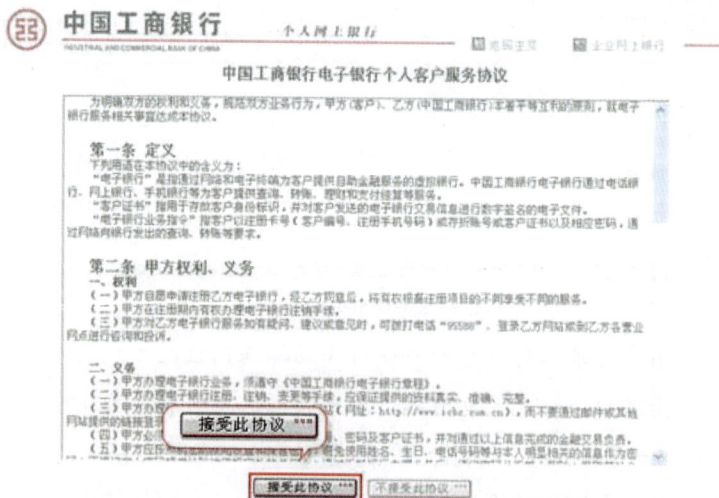

图2-4 阅读并接受银行协议

（4）设置密码并确认用户提交的信息。只有当用户接受银行的协议才能进入密码设置页面，并确认用户提交的信息，如图2-5所示。

从零开始学互联网理财

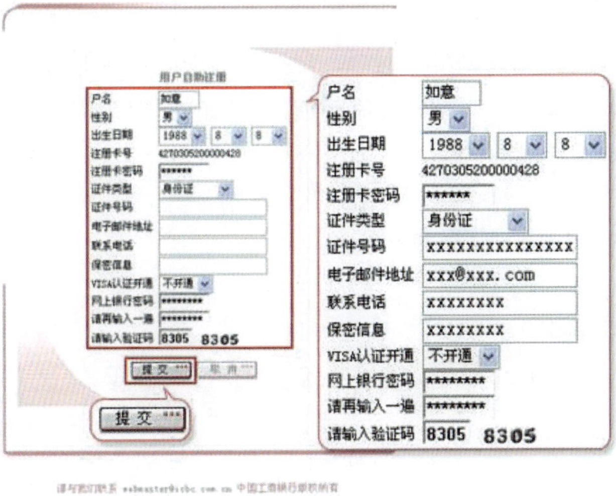

图2-5 设置密码并确认提交

注意：个人网上银行需要单独设置密码，该密码用于客户在网上银行进行登录、查询和转账，区别于银行卡密码。

客户确认开通卡（账）号和密码设置无误后，即可完成个人网上银行的自助开通，此后手机将收到银行发来的短信提示。随着网上银行版本的更新，各银行自助开通个人网银的步骤和页面可能会有变更，但银行一般都会附有自助注册演示视频或说明书供用户参考。例如，在中国工商银行网站的首页上点击【个人网上银行】下方的【演示】，即可进入自助注册及使用的视频演示，如图2-6所示。

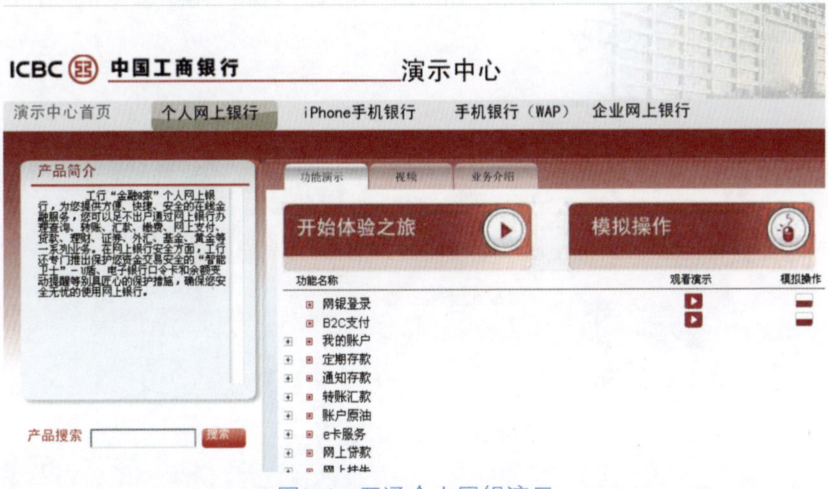

图2-6 开通个人网银演示

至此，在中国工商银行自助开通个人网上银行的操作就已全部完成。用户可以在银行网站上登录个人网银，查看网银提供的各项功能。然而，如果用户是在个人计算机上第一次登录网银，银行的网银系统会提示用户安装安全控件以保护用户账号的安全。

2.2 安装网银安全控件

网银安全控件是目前各大银行为保证用户账号和密码输入安全的一类插件，一般在用户未安装控件的计算机上打开网上银行时要求安装，否则无法输入账号，使用户无法登录个人网银。

具体地说，网银安全控件的主要功能是防范木马程序、病毒等恶意程序的攻击，通过切断键盘操作与木马病毒之间的通道来更好地保护网上银行用户的信息安全。由于互联网中各类安全危险较多，网银安全控件作为保障用户账号密码安全的第一道屏障，在个人网上银行操作中必不可少。

当用户进入网上银行登录界面时，浏览器会自动检测当前计算机是否已经安装该银行的安全控件，如未安装，则在浏览器弹出需要加载项的提示，同时登录界面的密码输入框无法接收用户输入。图2-7为安装网银控件的中国银行个人网银登录界面。

图2-7　未安装网银安全控件的登录界面

在图2-7所示的个人网银登录界面中，密码对应的输入框为灰色，无法接收输入，此时就要求用户先安装中国银行的网银安全控件。当用户打开中国银行的网银登录界面后，可以看到用户账号和密码输入框下有网上银行登录安全控件的链接，分为Windows版本和Mac版本，用户选择适合自己计算机的版本下载并安装即可，如图2-8所示。

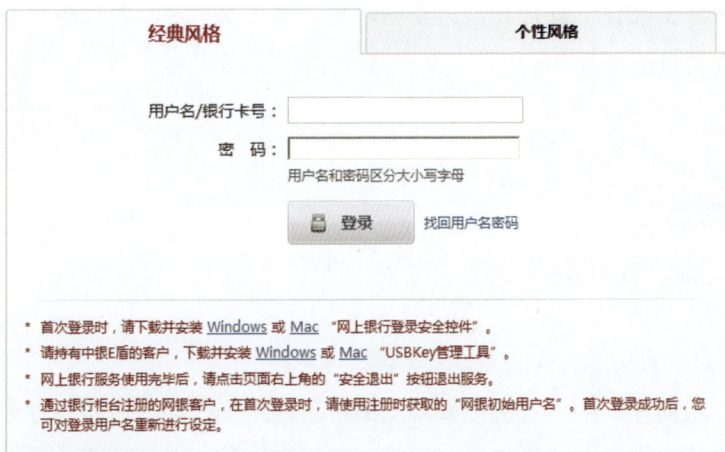

图2-8　网银安全控件下载链接

点击图2-8所示的Windows或Mac链接，即可下载中国银行的个人网银安全控件，下载完成后，双击运行SecEdit.exe文件，进入安装界面，安装完成后如图2-9所示。

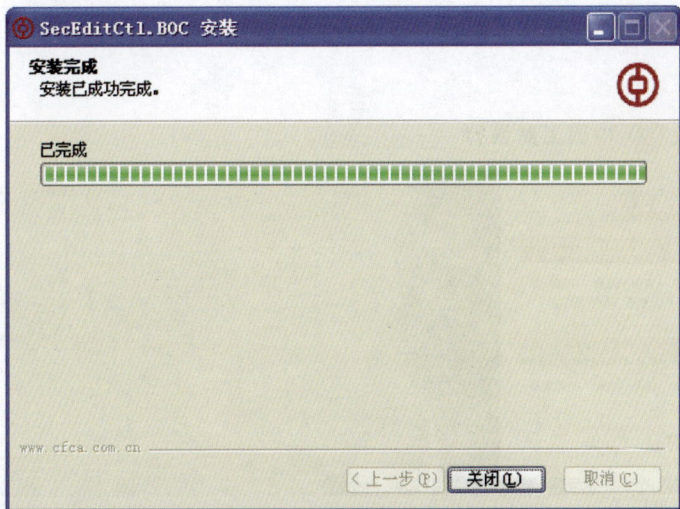

图2-9　安装中国银行网银安全控件

网银控件安装完成后，用户再次打开中国银行的网银登录界面，可以看到用户密码对应的输入框已经可以输入了，表示控件安装完成。其他银行的网银安全控件安装方法与中国银行大致相同，即先在登录界面下载安全控件后，双击进行安装，安装时注意关闭浏览器，以防出现控件安装错误。

注意：网银安全控件一般会在用户登录网上银行的同时，由银行提醒用户安装并给出控件下载链接。为安全起见，建议用户不要在银行网站以外的地方下载网银安全控件。

2.3
查询网银余额

在互联网理财中，查询个人网上银行余额的操作进行得较为频繁。事实上，用户登录个人网上银行后，可以发现银行提供许多功能，而余额查询只是其中的一种。本小节以查询中国工商银行个人网银的余额为例，为大家具体介绍具体操作。

（1）在网页浏览器中输入中国工商银行网址（http://www.icbc.com.cn）按回车键后即可登录中国工商银行网站的首页，在网站首页点击左侧的【用户登录】|【个人网上银行】命令即可，如图2-10所示。

图2-10　登录个人网银

（2）进入个人网银登录界面后，用户在界面中需要输入登录名、登录密码和验证码，如图2-11所示。

图2-11　输入登录名和密码

注意：中国工商银行的登录名可以是用户自己设置的用户名，也可以是银行卡号或手机号，登录密码是用户设置的网银登录密码，而非银行卡密码。

（3）登录个人网银后在用户界面中的主菜单选择【我的账户】命令，或者选择左侧菜单中的【账务查询】|【余额查询】命令，如图2-12所示。

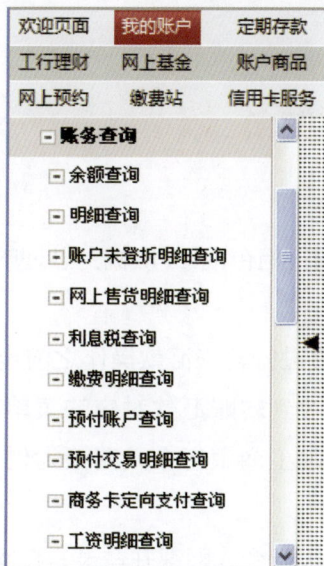

图2-12　查询余额命令

（4）点击【余额查询】命令后，能够在中国工商银行个人网银主界面的右侧看到用户的银行账户，点击右侧的【余额】链接可展开该账户，并显示该账户的余额，如图2-13所示。

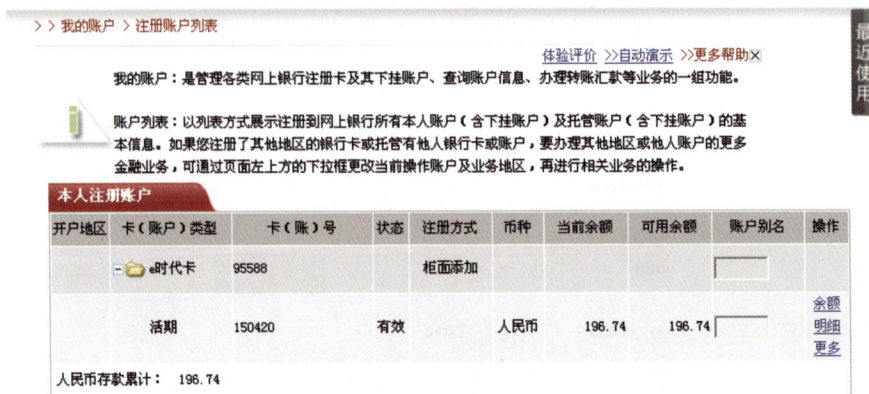

图2-13　查询余额

此外，用户还可以通过点击图2-13中的【明细】链接来查看该账户的所有近期交易记录。至此，在中国工商银行个人网银中查看余额的操作就完成了。其他银行的查询余额操作大致相同，用户能够很方便地在个人网银主页面中找到【余额查询】的命令。

2.4
网银转账汇款

以往，用户必须到银行柜台或ATM机上办理的业务，现在在个人网上银行就可以办理。

同样用户在通过网银进行转账汇款操作之前也必须先登录到个人网银界面，在网银主界面中找到转账汇款对应的菜单项，根据网银系统提供的向导逐步完成。以中国工商银行个人网银为例，转账汇款操作的步骤如下所示。

（1）进入中国工商银行个人网银并登录，在网银系统的主界面中找到【转账汇款】菜单，在主菜单和左侧的树形菜单中均有该命令，如图2-14所示。

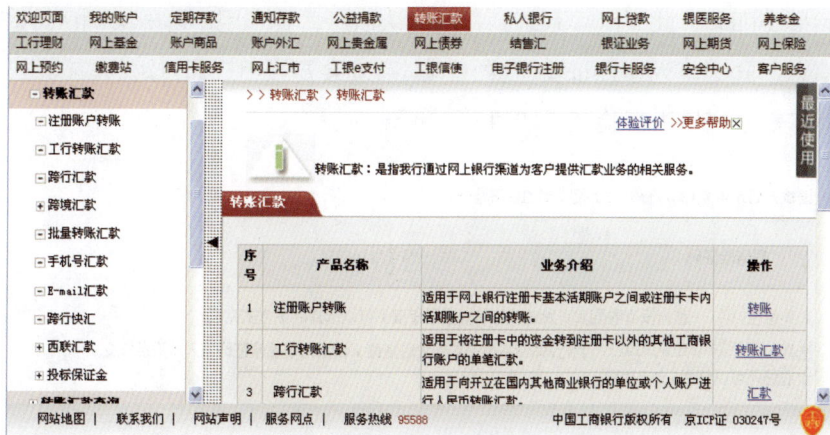

图2-14 【转账汇款】菜单项

注意：转账汇款包括同城同行转账、同城跨行转账、异地转账等多种方式，每种方式对应了不同的手续费标准，用户在网银中操作转账汇款时需要仔细查看其收费标准。

（2）在图2-14中查看个人网银提供的多种转账汇款方式及其业务介绍后，用户根据自身的需要选择转账汇款方式，后点击"操作"栏下的相应菜单项。例如，此处点击【工行转账汇款】方式对应的【转账汇款】菜单项，即可进入同行转账界面，如图2-15所示。

图2-15 转账汇款

（3）根据图2-15所示的向导，填写收款人姓名、账号、转账金额等参数后提交即可，此时网银系统会弹出确认信息，要求用户再一次确认转账汇款信息。同时，为了保证安全性，网银系统会要求用户通过短信、U盾或密码器等安全措施进行验证，如图2-16所示。

请输入您手机（136****3169）接收到的短信验证码。

短信验证码：[_____]　　　　　　（发送编号为148351）

如果您在 00 秒内没有收到我行发送的短信验证码短信，可以选择以下方式完成。
选择 [重新获取短信验证码] 我行95588将向您重新发送短信，请您将短信验证码填入本页后提交，当前您还可以使用3次该功能。

图2-16　短信验证

当用户确认无误并输入了短信验证码后，即可完成转账汇款操作。如果用户采用的是密码器验证方式，则只需按照系统要求输入6位数的密码即可。需要用户了解的是，通过网银进行的同行转账一般是实时到账，完成后即可查询到账情况。

2.5 网上银行缴费

随着互联网的逐步深入，网上银行也在逐步改变人们的生活，其中网银缴费站的推出更加方便了人们的生活。用户可以足不出户的在个人网上银行中完成水电费、天然气费、有线电视费、通信费等基本生活费用的缴纳。

一般来说，各大银行的网银都能够完成上述基本费用的缴纳，但也存在一定的地区和银行差异，即不是所有地区的所有费用都能在网银中完成，正在逐步完善。下面以中国工商银行为例，简要介绍下如何在网银中缴纳电费的操作。

（1）进入中国工商银行个人网银并登录，在网银系统的主界面中找到【缴费站】菜单项，或者在左侧的树形菜单中点击【在线缴费】命令，如图2-17所示。

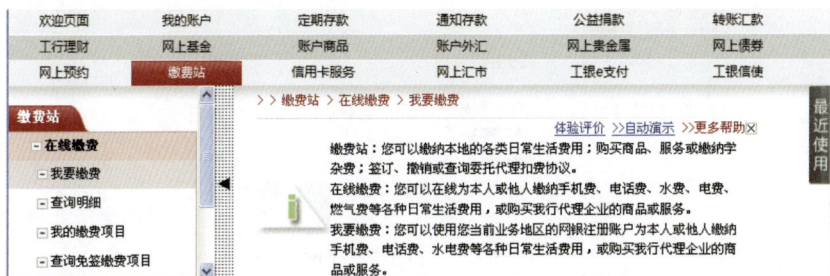

图2-17   在线缴费菜单项

（2）进入【我要缴费】界面后，在页面右侧可以选择需要缴费的地区，同时点击需缴纳费用的链接。例如，此处点击【供电电费】菜单项，如图2-18所示。

图2-18   在线缴费页面

（3）进入缴纳电费的页面后，在客户编号文本框中输入编号并点击【提交】命令即可。其中，客户编号是国家电网给每一位用户的编号，如图2-19所示。

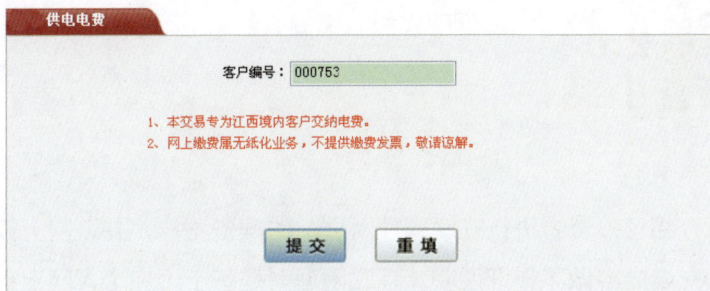

图2-19   输入客户编号

（4）当用户点击图2-19中的【提交】命令后，网银系统将显示该客户的姓名、欠费金额等信息，要求用户进行确认。当用户确认无误后，在页面中输入此处缴费金额，然后点击【提交】命令，如图2-20所示。

图2-20　确认信息并缴费

（5）当用户提交后，为了保证安全性，网银系统同样也会要求用户通过短信、U盾或密码器等安全措施进行验证。用户根据自身情况进行安全验证即可。

至此，通过个人网银进行网上缴费的操作就完成了。此外，中国工商银行个人网上银行还能进行其他许多基本生活费用的缴纳。同时，中国工商银行、中国建设银行和中国农业银行等各大银行的个人网银也都包含了缴费功能，其操作流程与中国工商银行大致类似。

2.6 小结

本章介绍了投资者进行互联网理财之前的准备工作，并以网上银行的基本操作为主要内容做了详细说明。互联网理财是基于用户个人网上银行进行的，所以客户必须熟悉个人网银的基本操作。本章着重讲解了自助开通个人网上银行的流程和操作，同时还介绍了安装网银安全控件的过程。此外，本章以中国工商银行网银为例介绍了如何进行网银余额查询、转账汇款和网银缴费等操作。

第3章

网上银行理财产品

CPI（居民消费价格指数）高企，储蓄市场仍然处于负收益。由于没有更好的投资渠道，不少客户仍对银行理财产品情有独钟。这让"很差钱"的银行嗅到商机，纷纷推出各自的网上银行理财产品，受到不少年轻理财达人的追捧。

CPI（Consumer Price Index，居民消费价格指数），是一个反映居民家庭一般所购买的消费商品和服务价格水平变动情况的宏观经济指标，是度量一组代表性消费商品及服务项目的价格水平随时间而变动的相对数，用来反映居民家庭购买消费商品及服务的价格水平的变动情况。

3.1 保本型理财产品

为帮助用户对网上银行理财产品有初步的了解，本节开始对常见的理财产品类型做简单介绍。

一般来说，银行理财产品分为保本型理财产品和非保本型理财产品，其中保本型产品又分为保本保收益型和保本不保收益型两种类型的产品。保本型理财产品就是确保最大限度地保障投资者的本金，至于收益如何，要根据所选择产品的类型来定。保本型理财产品可以保障理财资金的本金安全，风险程度相对较低，适用于稳健型、保守型投资者。在最不利的情况下，客户虽不能获得任何投资收益，但能收回投资本金。

目前，各个商业银行都推出了各自的保本型理财产品。以中国工商银行为例，该行最近推出了4款保本型理财产品，年化收益率在5%左右，如图3-1所示。

产品名称	销售状态	期限	预期年化收益率/单位净值	募集期	到期日	销售地区	交易起点金额	操作
2015年第1期保本型理财产品110天 BBD15007（仅上海）	售罄	110天	5.0000%	20150305-20150310	20150828	部分地区	50000.00	购买
保本理财40天 BBD15009（仅北京）	售罄	40天	4.5000%	20150310-20150312	20150421	部分地区	50000.00	购买
保本理财365天 BBD15016（仅深圳）	售罄	365天	5.0000%	20150310-20150310	20160309	部分地区	100000.00	购买
高净值挂钩黄金保本浮动收益理财产品 CNJQ555	在售	95天	2.3000%-4.6000%	20150310-20150311	20150615	全国	100000.00	购买

图3-1　几款保本型理财产品

年化收益率是把当前收益率（日收益率、周收益率、月收益率）换算成年收益率来计算的，是一种理论收益率，并不是真正的已取得的收益率。例如日收益率是万分之一，则年化收益率是3.65%（平年是365天）。因为年化收益率是变动的，所以年收益率不一定和年化收益率相同。

在上述保本型理财产品的列表中，读者可以看到几个关键字：期限（投资天数）、预期年化收益率和交易金额。在实际投资中，收益可以根据如下公式来计算。

$$实际收益 = 本金 \times 年化收益率 \times 投资天数/365$$

根据上述公式，如果投资者购买了金额为5万元的图3-1中第二款产品"保本理财40天 BBD15009"，那么投资结束后获得的收益为"$50000 \times 4.5\% \times 40/365$"，一共是246.57元。同样如果投资者投资的是10万元的第三款产品"保本理财365天 BBD15016"，一年之后的投资收益为"$100000 \times 5\% \times 365/365$"，一共是5000元。而目前银行一年期的定期存款利率在3%，如果投资10万的话，一年后的定期利息为3000元。因此可以看出，该理财产品的收益比定期存款高出2000元，是较高的。

由于保本型理财产品的保证本金的特性，很多投资者会认为保本型理财产品风险小、有安全感。其实，投资保本型理财产品也有很多需要注意的问题以下几个方面。

（1）保本型理财产品对本金的保证有"保本期限"。不少投资者都认为保本型理财产品在整个投资期内都可以100%保障本金，即使提前赎回也不会有本金损失。而实际情况是，保本型理财产品对本金的保证有"保本期限"，即在一定投资期限内（如3年或5年），对投资者所投资的本金提供100%保证。因此，投资者在保本到期日一般可以收回本金。如果提前赎回，且在市场走势不尽如人意的情况下，存在本金损失的可能。

（2）保本型理财产品不保盈利（如果购买时确定是"保本保收益"的产品除外）。保本型理财产品的保本只是对本金而言，并不保证产品一定能够盈利，也不保证最低收益。投资者购买的保本型理财产品存在保本到期日仅能收回本金，或未到保本到期日赎回而发生亏损的可能。此外，保本型理财产品对本金的承诺保本比例可以有高有低，即保本比例可以低于本金，如保证本金的90%，也可以等于本金或高于本金。

（3）不要对保本型理财产品有过高的收益期望。在弱市环境中，保本型理财产品有其优势，但投资收益不会高。而在市场走强时，保本型理财产品的优势将可能是它的劣势。

3.2
非保本型理财产品

与保本型理财产品相对应的，非保本型理财产品既不能保证本金又不能保证收益，但同时也意味着可以获取更高的收益。具体来说，非保本型理财产品相对于保本型主要的区别就是年化收益率要高一些，但是不承诺保证本金，其他基本上没有区别。

同样的，各个银行也都有各自的非保本型理财产品，如中国建设银行推出的"乾元"系列理财产品就是一种非保本型产品，其收益率和风险如图3-2所示。

产品名称	销售状态	产品类型	投资币种	投资期限	发行区域	发行日期	资金投向	起始认购金额	是否保本	可否赎回	预期年化收益率	风险等级	操作
"乾元-私享型" 2015年第29期理财产品	在售	乾元享系列	人民币	中期（半年以上、一年以内）	全国	03.18 07:00 ~ 03.23 17:00		50.00万	非保本	封闭	5.40%	中等风险	认购 申购 赎回 自动理财
"乾元-私享型" 2015年第28期理财产品	在售	乾元享系列	人民币	短期（半年以内）	全国	03.17 07:00 ~ 03.22 17:00		50.00万	非保本	封闭	5.10%	中等风险	认购 申购 赎回 自动理财

图3-2　两款非保本型理财产品

如图3-2中所示，非保本型理财产品的预期年化收益率都较保本型产品更高，而风险等级也更高。事实上，投资者也可以从银行的理财产品说明书来判断保本型和非保本型。例如，以下是中国工商银行的两种理财产品简要说明书。

■ **保本型理财产品**

中国工商银行保本型个人人民币理财产品（180天）

代码：BB1113

产品类型：保本浮动收益型理财产品

工商银行对本理财产品扣除相关费用后的本金提供保证承诺

募集期：2015年3月11日～2015年3月17日

封闭期：2015年3月18日～2015年9月13日

■ **非保本理财产品**

中国工商银行高净值客户专属资产组合投资型人民币理财产品（280天）

代码：ZQXT130

产品类型：非保本浮动收益型理财产品

募集期：2015年3月21日～2015年3月22日

封闭期：2015年3月23日～2015年12月27日

通过以上两个产品说明书，大家可以发现它们之间并没有什么特别之处，只是保本型理财产品中注明了"工商银行对本理财产品扣除相关费用后的本金提供保证承诺"的字样，且其产品类型中标明了"保本浮动收益型"，而非保本型理财产品则标明"非保本浮动收益型"。

在具体的理财中，一方面是本金安全，但是收益不高的保本型产品，而另一方面则是收益高，但是本金安全得不到保证的非保本理财产品，投资者在购买保本型或非保本型理财产品时，一定要考虑自身的风险承受能力和产品规定的保本期限。

3.3 高端专属理财产品

高端专属理财产品是银行面向自家高端客户推出的理财产品，与普通理财产品的主要区别在于以下几点。

■ 限制了普通人群的购买（有最低投资额限度），避免了购买不到的尴尬，优先考虑高端客户；

■ 收益率相对于普通理财产品更高；

■ 这种产品的推出主要是基于银行对于高端客户的照顾，也是为了更好地巩固自己的客户资源，同时高端客户的资金量较大，销售操作相对简便。

以下是以中国工商银行的一款高净值专属理财产品为例。

中国工商银行高净值客户专属资产组合投资型人民币理财产品（280天）

代码：ZQXT130

目标客户：个人在中国工商银行金融资产总计在其认购时超过100万人民币的财富客户等高净值客户

产品类型：非保本浮动收益型理财产品

募集期：2015年3月21日～2015年3月22日

封闭期：2015年3月23日～2015年12月27日

预期收益率测算：该产品拟投资的资产组合预期年化收益率约4.92%，扣除工商银行理财销售费、托管费等费用，产品到期后，若所投资的资产按时收回全额资金，则客户可获得的预期最高年化收益率可为4.50%，超过4.50%的收益部分作为中国工商银行的投资管理费。

在目标客户一栏中可以明显地看到，该款理财产品的发行人群是"个人在中国工商银行金融资产总计在其认购时超过100万人民币的财富客户等高净值客户"。这也就表明了它是面向高端客户的，普通客户是不能购买的。

一般来说，银行对于不同的理财产品设定的交易门槛是5万元（各家银行规定不太一样），按照不同的购买金额设定不同的收益率，当然是买的越多收益越高。那么这种产品好在哪里呢？我们看到它的收益率达到了4.5%。这里需要提示一点，理财产品的发行与当时的市场状况相关联，市场行情不好时，收益率都会相应下调，市场行情好时，会调高预期最高收益率。而且高端理财产品的发行并不仅是为了追求高收益，因为资产增值过快意味着风险的提高，所以他们投资的目的主要是为了保值和抗通胀。

普通的理财产品往往入门门槛较低，但是购买的个体太多，经常是供不应求。如果发行50亿元，每个人购买5万元，那么银行就需要为10万客户服务。如果设定较高的购买门槛，而高端客户银行资产都超过百万，所以他们购买的时候可能一次性就买50万或者100万。这样银行的发售成本减少了90%以上，也减少了服务压力，能够更好地为高端客户服务，销售更轻松。

3.4 网银专属理财产品

网上银行已经成为很多银行理财产品的新兴销售渠道，网上银行理财产品，尤其是网银专属理财产品，销售情况非常"火爆"，单款产品的发行规模可达上百亿元，风头甚至盖过网点在售的理财产品，大大出乎银行方面的意料。例如，中国建设银行发行的某一网银专属理财产品，第一期产品10亿额度在两分半钟内就被抢购完了。中国工商银行发行的首期"金融@家"网银专属人民币理财产品，产品期限63天，预期年化收益率达5%，产品发行不到半天时间，30亿元额度就已售罄。这都凸显了网银专属理财产品的高人气。

所谓的网银专属理财产品，简单来说就是限定只在网上银行专卖的理财产品，而不通过网点渠道销售。目前，中国银行、中国农业银行、中国招商银行等均推出了网银专属理财产品。例如，中国农业银行在两周内接连发行了4款网银专享人民币理财产品，其中一款网银专享理财产品投资期限为28天，预期年化收益率达到5.5%，购买门槛为5万元，发行规模为100亿元。而中国银行在2015年3月3日推出一期网上银行专属人民币理财产品，预期年化收益率5.35%，认购起点为5万元，仅在中国银行个人网银、手机银行、微信（微银行）发售，如图3-3所示。

销售起始日	销售截止日	产品代码	客户收益率（年化）	产品期限（天）	起息日	到期日	起点金额（万元）	销售渠道
2015/2/10	2015/2/12	AMZYJZT-LPA15078	5.25%	81	2015/2/13	2015/5/5	5	网上银行\手机银行\微信（微银行）
2015/2/12	2015/2/16	AMZYZH15066	5.35%	171	2015/2/16	2015/8/6	10	网上银行\手机银行\微信（微银行）

图3-3　几款网银专属理财产品

网银专属理财产品的特点是进入门槛低、收益率高。这是根据产品发售的目标人群而确定的。

（1）**进入门槛低**。由于习惯使用网上银行的大多是年轻人，能够接受网银专属理财的也是以年轻人为主。购买网银专属理财的大多是"80后"和"90后"，他们对新生事物的接受能力比较强。但由于他们年龄小，财富积累有限，因此针对这类群体的网银专属理财产品的额度要小一些，进入门槛较低。

（2）**产品收益率高**。网银专属理财产品收益率一般高于普通理财产品，之所以收益率偏高，是因为银行希望进一步增强互联网渠道专属产品对客户的吸引力，引导客户更多地使用网银办理业务，培养客户的使用习惯，最终降低银行产品的销售成本。

总的来说，目前我们能够常见到的理财产品主要就是这几类，每家银行的分类标准不太一致，有些是按照不同期限分为长短中期；有些是按照不同的投资标的分为股票型、债券型、货币型；有些则是按照不同起购金额，购买的越多收益越高。这些分类都有其依据，但是本质上大同小异，无非是突出自家的特点，让客户有更深刻的印象。而且名称上也是五花八门，例如中国工商银行的"工银财富专属""灵通快线"、中国建设银行的"乾元"系列、中国招商银行的"金葵花""节节高升"、中国民生银行的"钱生钱"等，但是这些名称再好听，投资者也要看清楚，选对适合自己的理财产品，才能真正理好财。

3.5
银行理财产品的风险

银行理财容易被人们忽略的另一个重要的方面，就是风险问题。银行理财的风险相对直接投资来说要小，但是这并不意味着零风险。没有风险就没有收益，这是经济学的基本常识。那么银行理财产品到底都有些什么风险呢？我们通过以下两个案例来分析。

案例1　偏股型理财产品风险

偏股型理财产品是银行推出的以投资股票为主的理财产品，该产品的收益随着股市的波动而变化。2011年5月，风云突变，股市急转直下，股指从3100点直下到2700点以下，偏股型的理财产品损失惨重。

王先生在4月下旬购买的一款61天的偏股型理财产品，预期年化收益率高达5.5%，但随着股市的下滑，他的偏股型理财产品面临了巨大的市场风险，亏损是不可避免的。最后，王先生购买的该款理财产品实际到期亏损高达4.2%。

通过这个案例我们可以看到，银行理财产品的风险是存在的，我们需要针对不同的理财产品把握好市场的节奏，避免踏错步点。像偏向股市的投资理财产品，我们不建议客户在市场高涨、全民入市的行情下参与。因为理财产品一般都会有不算短的期限，这期间购买者是不能随意撤资的。

案例2 大宗交易挂钩型理财产品

大宗交易挂钩型理财产品是与大宗期货类商品挂钩的一种理财产品，该产品的收益会随着原油、黄金和白银等大宗期货交易的价格而波动。例如，2011年5月，原油价格应声暴跌9%，白银价格连续4天的暴跌幅度超过5%，而与其挂钩的理财产品则亏损严重。

对于这种周期性波动较大的期货类产品，要把握挂钩商品的价格波动走势，一旦创新高就应该减仓。投资这类理财产品，我们建议投资者选择短期和中期产品，在大宗交易的低迷期购买最为合适。

通过以上案例的介绍，希望读者对银行理财产品有一个新的认识，即银行理财产品并不同于活期或定期的银行存款，理财产品的收益高于存款利息，而要获取这份收益就必须承担一定的风险。

那么如何来规避购买银行理财产品的风险呢？一是投资者必须根据自身资金的具体情况选择合适的产品；二是对理财产品要有清晰的风险认识。

3.6 解读网上银行理财产品说明书

各款理财产品都有产品说明书，用于介绍该产品的投资标的、收益率和投资期限等内容。这是客户决定是否购买该理财产品的重要依据。但是，曾在银行网点的柜台上购买过理财产品的投资者深有感触，在办理各种购买手续时，根本没时间看柜台上的理财产品说明书。

同样的，客户在选择网上银行理财产品的时候，既要考虑产品收益，又要考虑投资风险，还要结合流动性选择产品期限。同时，各类网上银行理财产品针对性强，很多客户没有专业的金融和理财知识，也不能完全看懂各个网银理财产品说明书。图3–4是一份中国建设银行长达9页的理财产品说明书。

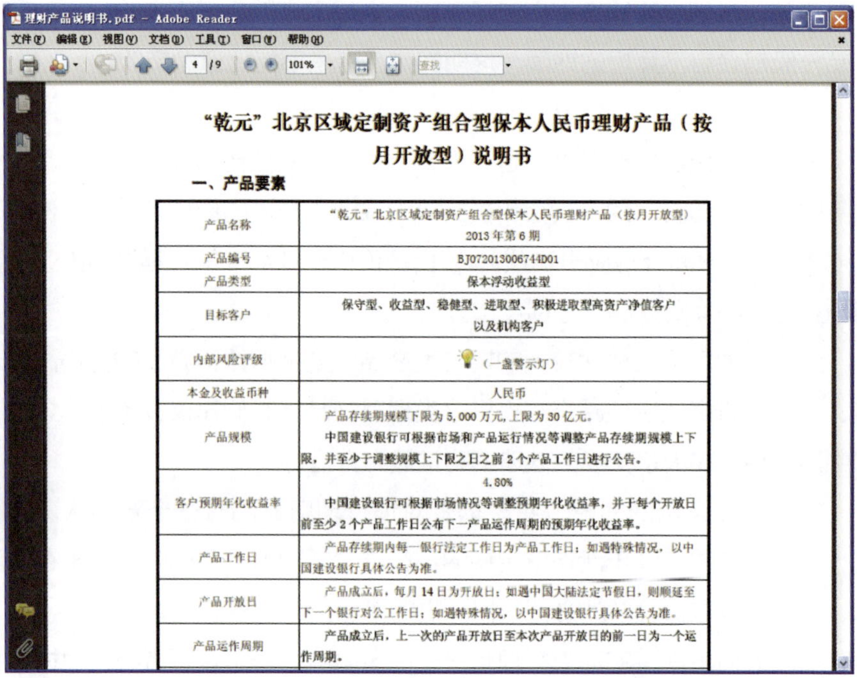

“乾元”北京区域定制资产组合型保本人民币理财产品（按月开放型）说明书

一、产品要素

产品名称	“乾元”北京区域定制资产组合型保本人民币理财产品（按月开放型）2013 年第 6 期
产品编号	BJ072013006744D01
产品类型	保本浮动收益型
目标客户	保守型、收益型、稳健型、进取型、积极进取型高资产净值客户以及机构客户
内部风险评级	（一盏警示灯）
本金及收益币种	人民币
产品规模	产品存续期规模下限为 5,000 万元，上限为 30 亿元。 中国建设银行可根据市场和产品运行情况等调整产品存续期规模上下限，并至少于调整规模上下限之日之前 2 个产品工作日进行公告。
客户预期年化收益率	4.80% 中国建设银行可根据市场情况等调整预期年化收益率，并于每个开放日前至少 2 个产品工作日公布下一产品运作周期的预期年化收益率。
产品工作日	产品存续期内每一银行法定工作日为产品工作日；如遇特殊情况，以中国建设银行具体公告为准。
产品开放日	产品成立后，每月 14 日为开放日；如遇中国大陆法定节假日，则顺延至下一个银行对公工作日；如遇特殊情况，以中国建设银行具体公告为准。
产品运作周期	产品成立后，上一次的产品开放日至本次产品开放日的前一日为一个运作周期。

图3-4 中国建设银行理财产品说明书

面对内容冗长的银行理财产品说明书，普通客户应该从以下三个方面来解读购买的理财产品。

（1）投资标的。银行发行理财产品实际是一种募集资金的行为，既然募集了资金就一定会有投资的领域，如存款、国债、股票，收益越高，风险也会越大。存款和国债有银行信用和国家信用做保证，风险较小，因此收益也不高。而股票面临的系统性风险和非系统性风险太多，因此收益也较高。所以了解投资标的，也就了解所购买的理财产品的风险有多大。

（2）收益率。银行发行的理财产品收益率一般都是用年收益率来表示的，并且很多理财产品的收益率的实现也有很多限制性条件。因此，购买理财产品之前一定要看是固定收益类的还是浮动收益类。

（3）投资期限。一般银行在理财产品成立日至到期日是不允许客户提前支取的，有一些理财产品会在投资期限内给客户一次或若干次赎回的机会。如果客户对市场有自己的判断，可以利用赎回的机会保证资金的安全性和流动性，但同时收益率可能会下降。

3.7
解读专有名词

通过繁杂的理财产品说明书，客户清楚了投资标的、收益率和投资期限三个方面的内容，就会对该产品有大致的了解。但是，对于一些产品的细节，还是需要客户更深入地理解说明书。事实上，说明书中的一些专有名词会妨碍客户进一步了解产品，本小节为读者解读这些专有名词。

表3-1是一款典型的理财产品说明书，其中的条款涉及了该产品的关键要素，关系到客户的切身利益。

表3-1　典型的理财产品说明书

产品名称	工商银行"稳得利"资产组合投资型人民币理财产品（260天） 代码：XT1501
目标客户	经我行风险评估，评定为保守型、稳健型、平衡型、成长型、进取型的有投资经验和无投资经验的个人客户
期限	260天
投资及收益币种	人民币
产品类型	非保本浮动收益型理财产品
计划发行量	50亿元
募集期	2015年1月6日～2015年1月10日
产品成立	工商银行有权结束募集并提前成立，产品提前成立时，工商银行将进行披露并调整相关日期，产品最终规模以实际募集规模为准。如募集规模低于一亿元，工商银行有权宣布该产品不成立

起始日	2015年1月11日
到期日	2015年9月27日
资金到账日	到期日后第三个工作日或提前终止后第三个工作日
理财资产托管人	工商银行广东省分行营业部
理财资产托管费率(年)	0.02%
销售手续费率（年）	0.40%
预期收益率测算	该产品拟投资的资产组合预期年化收益率约4.22%，扣除我行财销售费、托管费等费用。产品到期后，若所投资的资产按时收回全额资金，则客户可获得的预期最高年化收益率可为3.80%
认购起点金额	5万元起购，以1000元的整数倍递增。
提前终止权	客户无权提前终止该产品；工商银行有权按照产品实际投资情况提前终止该产品，工商银行将在提前终止日前三个工作日发布相关信息
募集期是否允许撤单	否
工作日	国家法定工作日
收益计算方法	预期期末收益＝投资本金×预期年化收益率/365×实际存续天数
税款	理财收益的应纳税款由投资者自行申报及缴纳
其他规定	到期日（或提前终止日）至到账日之间客户资金不计收益，募集期内按照活期存款利息计息，募集期内的利息不计入认购本金份额

■ 产品名称

产品名称是客户最能直观了解的内容，它也直观简练地概括了这款产品的主要内容。这个名称通常会提到一个天数，这个数字是产品说明书中起始日至到期日之间的天数。通常在这期间银行是不允许客户单方面撤资的，这期间的理财资金会从客户的银行卡内划转到单独的资产管理账号，客户自己是无法处置这笔资金的。

■ 产品代码

产品代码是有一定含义，比如，XT是表示信托资产管理，ZQ是表示证券。其他银行的产品代码也有按此规则进行编码的。客户通过银行端查询时，提供产品代码是最方便的查询方法。

■ 目标客户

通常情况下，银行的某款理财产品是面向不同的客户群体发行的。目标客户的区分主要是银行对客户首次购买理财产品之前进行的一个风险评估，重点是调查客户资金风险损失的承受能力，承受能力越强，评级越激进。

■ 募集期

募集期类似于提前申购。募集期间客户可以以预定的方式进行购买，期间资金是冻结的。如果该款理财产品购买的客户很多，也有可能买不上。需要注意的是，募集期有些是允许客户撤单，有些则不可以，也就是后面单独提到的一项"募集期是否允许撤单"。如果客户对于资金的灵活性要求较高，建议重点关注这一项。

■ 计划发行量

计划发行量是指理财产品的总规模，达到这个资金量后就不再发行，客户也不能再购买。在产品成立说明中，也提到了另一个总额限制条款，如果募集资金低于一亿元，则取消该理财计划。这从另一个方面说明，理财产品的计划性还是很强的。

■ 资金到账日

在购买理财产品后，经常会发生理财产品到期却没有资金到账的情况，大部分原因是理财产品的到期日离资金到账日还有一段时间，这个时间就是该理财团队在该计划到期后需要对客户的资金收益进行分配和计算的时间。通常这个时间长短每家银行不太一样，只要客户注意到了这一点就不会产生不必要的担心了。

■ 费率的计算

银行的理财产品都是有手续费的，这里提到的理财资产托管费率、销售手续费率就是银行收取的和托管银行收取的费用。这些就相当于是购买股票时的手续费，不管盈利与否这些都是必须扣除的。

■ 预期年化收益率

在预期年化收益率项目栏中有详细的标注"该产品拟投资的资产组合预期年化收益率约4.42％，扣除我行理财销售费、托管费等费用，产品到期后，若所投资的资产按时收回全额资金，则客户可获得的预期最高年化收益率可为4.00％"，也就是说产品到期之后能够达到的最高收益率是4%。这里需要特别注意，所谓预期就是不保证肯定能达到的意思，最多就是4%了，能不能达到主要是看市场风险和理财团队的能力。所以大家在购买的时候不要单看银行的宣传收益多少，因为这个收益并不是确定的。

■ 认购起点金额

各家银行对认购起点金额的要求不一样。中国工商银行的理财产品基本上都是要求5万为起点。这一起点算是相对比较低的。如果客户要多购买都是按1000元的整数倍递增的，主要是为了方便结算。

■ 提前终止权

提前终止权也是客户经常购买之后产生矛盾的地方。一般情况下，客户购买理财产品之后是没有提前终止权限的。客户有些时候着急用钱却无法撤出资金，想投诉却发现无法受理，因为在购买协议里明确写明了这一条，所以只能提示大家在购买之前清楚各项条款。

■ 工作日

银行所有标注的工作日是指国家法定的工作日，相应的期限都是需要扣除国家法定节假日的，所有业务需要顺延到下一工作日。

■ 收益的计算方法

理财的收益计算相对来说还是比较直观的，但是还是需要注意，年化收益率并不是这款产品的到期总收益，它是一年365天的收益，计算时要把实际天数除以365再乘以该收益率才是实际收益。

■ 扣税和利息

银行理财的收益属于个人收益，因为我国税法对于该收益的税收是计算到个人所得税里的。现行的所得税实行的是自行申报方式，银行端是不代为扣税的。利息主要是针对客户资金在募集期的，冻结期间也是给予活期利息的，但是到期后与到账之间的几个工作日是不计息的。

通过上述的大致讲述，大家也基本上应该能够了解银行理财说明书里的一些关键条款。大家在购买理财产品时，还是需要仔细地阅读说明书，理解说明书中的专有名词，这样才能买到最适合自己的产品。

3.8
认购网上银行理财产品

一般来说，通过网上银行购买银行理财产品主要有以下三个步骤：签约——申购、认购——赎回、撤单。其中，签约是指通过客户网上银行确定是否开通网银购买理财产品渠道。图3-5为中国农业银行的签约界面。

图3-5　签约开通网银购买理财产品渠道

客户签约完成后，即可在个人网上银行购买网银理财产品了。本节以购买中国农业银行的网上银行理财产品为例，向大家具体介绍购买流程。

注意：虽然各个银行通过网银购买理财产品的整体流程类似，但操作界面各不相同，购买产品的菜单项和位置差别较大，客户在操作时需进行区别。

事实上，理财产品的申购和认购是指在理财产品的两个不同状态下买入的不同叫法，投资者在理财产品募集期间，尚未完成建仓前，购买理财产品称为认购；申购则是在理财产品募集完成、封闭期结束以后（即开放期）买入。

如果客户准备认购网银理财产品，则需要登录网上银行，通过中国农业银行个人网上银行中的【投资理财｜理财产品｜理财产品认购】菜单项进行理财产品的认购操作。客户进入认购界面后，需要选择账户。选定账户后，系统会自动列出该账户可以认购的理财产品，客户找到需要认购的理财产品，点击【认购】命令即可，如图3-6所示。

图3-6 认购网上银行理财产品

在图3-6中选择需要购买的理财产品后，点击其后的【认购】命令，系统进入风险提示界面。此时客户需要勾选复选框，表示已经阅读产品说明书，了解并愿意承担本理财产品的风险，如图3-7所示。

图3-7 是否同意产品风险

在图3-7中点击【同意】命令即可进入认购界面，填入相应的认购金额，输入账户支付密码，点击【确认】命令即认购成功，如图3-8所示。

图3-8 认购网银理财产品

认购成功后，用户可以通过自己网上银行的投资理财中查看到自己所购买的理财产品相关信息。通过上述流程，相信大家都能够熟练地通过不同渠道进行理财产品的购买了，而中国银行、中国工商银行和中国建设银行等银行的网上理财产品认购步骤也大致相同。

3.9
如何申购网上银行理财产品

以中国农业银行的理财产品为例，如果用户需要通过网上银行申购理财产品，只需要登录网上银行后，点击【投资理财 | 理财产品 | 理财产品申购】菜单项进行理财产品的申购操作。客户进入申购界面后，需选择账户，选定账户后系统会自动列出该账户可以申购的理财产品，找到需要申购的理财产品，点击【申购】命令即可，如图3-9所示。

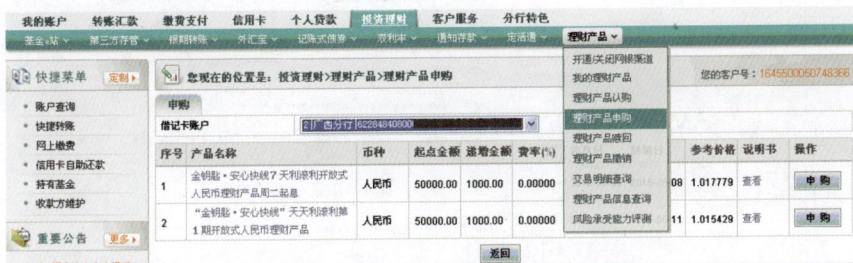

图3-9　申购网银理财产品

点击图3-9中的【申购】命令后，系统将进入风险提示界面，如图3-10所示。

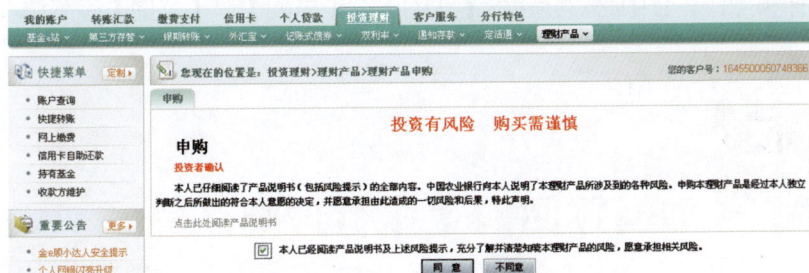

图3-10　申购风险提示

在图3-10中，客户勾选复选框，点击【同意】命令，进入申购界面，填入相应的申购金额，输入账户支付密码并点击【确认】命令，即可申购成功，如图3-11所示。

图3-11　申购产品

事实上，理财产品的认购和申购操作，也可以通过【理财产品信息查询】界面进行相关的业务操作，如图3-12所示。

图3-12　查询界面认购和申购产品

当然，此处以中国农业银行的个人网银购买理财产品的示例不能代表所有银行的操作界面，但各大银行基本都会提供专门的理财产品菜单供客户自行选择和操作，其中必然会包含【认购】、【申购】、【查询】等菜单项。

3.10
如何赎回网上银行理财产品

当客户不想再持有某一个理财产品时，就可以将其赎回。所谓理财产

从零开始学互联网理财

品的赎回是对已经认购或申购成功的产品进行卖出操作，使资金重新回到银行卡上。

以中国农业银行的网上银行理财产品赎回为例，客户登录网上银行，点击【投资理财 | 理财产品 | 理财产品赎回】菜单项进行理财产品的赎回操作。客户进入赎回界面后，选择已经购买的理财产品账户，系统会自动列出该账户下已经购买的可以赎回理财产品，找到需要赎回的理财产品，点击【赎回】命令后，系统进入赎回界面，填入相应的赎回金额，输入账户支付密码，点击【确认】命令即赎回成功，如图3–13所示。

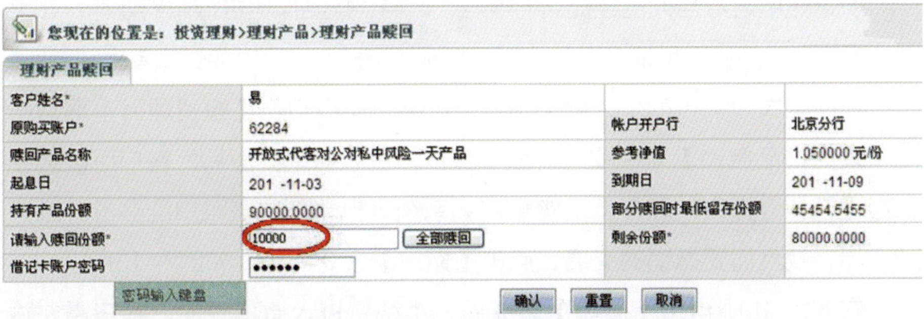
您现在的位置是：投资理财>理财产品>理财产品赎回

理财产品赎回

客户姓名*	易		
原购买账户*	62284	帐户开户行	北京分行
赎回产品名称	开放式代客对公对私中风险一天产品	参考净值	1.050000 元/份
起息日	201 -11-03	到期日	201 -11-09
持有产品份额	90000.0000	部分赎回时最低留存份额	45454.5455
请输入赎回份额*	10000 全部赎回	剩余份额*	80000.0000
借记卡账户密码	••••••		

密码输入键盘 确认 重置 取消

图3-13　赎回网银理财产品

当客户确认赎回某一个理财产品后，银行的网上银行会提供赎回委托，供用户确认赎回参考价格、赎回份额、剩余份额和赎回手续费等参数，如图3–14所示。

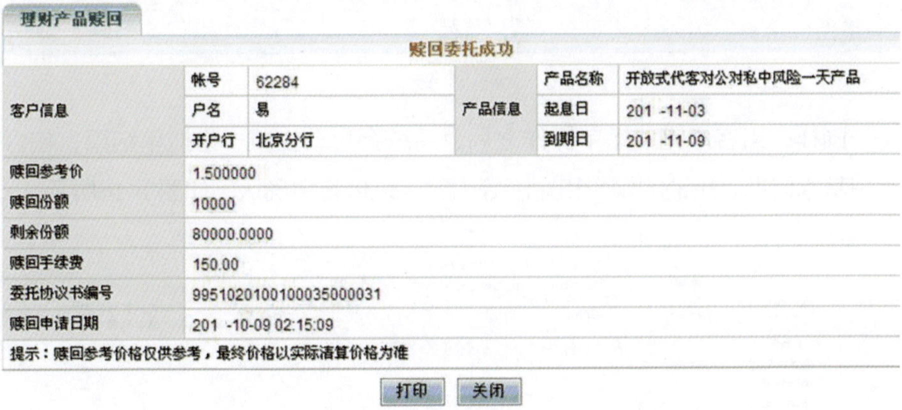
理财产品赎回

赎回委托成功

客户信息	帐号	62284	产品信息	产品名称	开放式代客对公对私中风险一天产品
	户名	易		起息日	201 -11-03
	开户行	北京分行		到期日	201 -11-09
赎回参考价	1.500000				
赎回份额	10000				
剩余份额	80000.0000				
赎回手续费	150.00				
委托协议书编号	99510201001000350000031				
赎回申请日期	201 -10-09 02:15:09				

提示：赎回参考价格仅供参考，最终价格以实际清算价格为准

打印 关闭

图3-14　赎回参数确认

注意：一般固定收益的理财产品不允许提前赎回，而非固定收益的理财产品，一般每月或每季度会开放赎回，一般也没有赎回费用。对于大多数网

银理财产品而言，提前赎回一般都需要支付一定的手续费，有些手续费甚至很高，这是客户需要特别注意的。

3.11
如何撤单

所谓撤单是对当天已经提交的申购、认购、赎回操作进行撤销处理。如果客户对理财产品进行了某个操作，临时想撤销该操作，可以通过撤单来实现。

在中国农业银行的个人网上银行中，客户可以点击【投资理财｜理财产品｜理财产品撤销】菜单项进行撤单操作。进入撤单界面后，客户可以选择已经进行业务操作的账户，选定账户后系统会自动列出该账户能够进行撤销的交易，找到需要撤销的交易，点击【撤单】命令即可，如图3-15所示。

在图3-15中点击【撤单】命令后，系统将进入撤单界面，客户需要输入账户支付密码并点击【提交】命令，即完成了撤单操作。

图3-15　撤单

同样，当客户完成撤单操作之后，系统会自动生成一份撤单结果，包含客户基本信息、撤销的操作和原因等内容，以供客户确认，如图3-16所示。

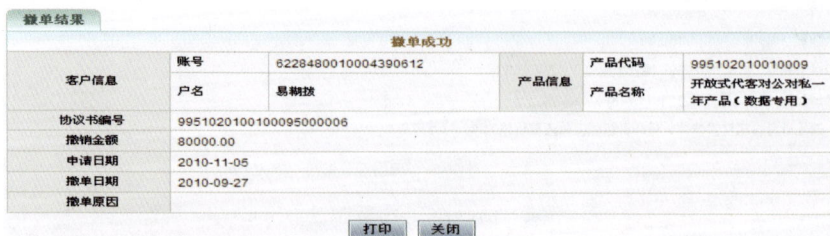

图3-16　撤单确认

注意：客户要执行撤单操作前，必须保证撤销的对象是还未清算的产品，即已冻结资金但还未扣款的产品，否则无法撤销成功。

3.12
银行理财产品的比较

我国目前的银行理财产品针对境内和境外市场主要分为两大币种，即人民币理财和外币理财。人民币理财主要包括短期无固定期限、中长期固定期限、境外理财计划等类型。而面对繁多的理财产品，我们如何选择呢？下面我们对中国工商银行、中国农业银行、中国建设银行、中国招商银行的理财产品进行对比。

首先介绍短期理财产品的选择。所谓短期理财产品通常是指30天以内的理财计划，这种类型的理财产品目前都是以1天和7天通知存款为原型，各家银行根据自己的情况进行的二次开发。

以中国工商银行为例，其短期理财产品中的"灵通快线"系列产品，就是面对资金流动性较高的客户进行的短期理财计划，适合单位客户短期存放资金，或者是股市投资者在股市休市或者行情不太好的情况下转移资金，却又不想资金闲置的客户。这类产品的特点之一就是滚动型，之所以这么说是因为客户购买该产品后，会按照购买品种的固定周期进行滚动，每到一个周期如果客户不终止，会将本息一起进行再投资，也就是说按照复利计算，俗称"利滚利"。如表3-2所示为部分银行推出的短期理财产品。

表3-2　银行常见短期理财产品

所属行	品牌	周期类型
中国工商银行	灵通快线	1天、1周、2周、4周
中国农业银行	安心快线	1天、7天、14天、21天、28天
中国建设银行	大丰收	1天、1周
中国招商银行	日日进	1天

上述几家银行的短期理财产品的收益率计算方法并不一致，中国工商银行明确给出是2%，中国建设银行1.65%，中国农业银行每期都是采用终值累进的特殊算法，每月的递增率在0.16%左右，也就是每年1.92%。以上统计

的收益率都是未扣收手续费的预期年化收益率。综合看来，这几家的理财产品的收益大致相当，没有多大区别。

那么如何来计算客户的获益呢？还是使用上述3.2小节中提到的公式来计算。例如，某客户投资10万元某产品，持有30天后赎回，扣除托管费和产品管理费后，理财产品的年化收益率为1.6%，则客户当期收益如下所示。

$$100000×1.6\%×30/365=131.51（元）$$

注意：客户所购买产品的年化收益率需要扣除产品的手续费，由此可见，预期最高年化收益率=理财产品投资收益率−（销售费用+托管费用+投资管理收益）。

一般来说，中长期理财产品都以3～12个月间为期限。中长期理财产品的收益率随市场行情而变动，由于大多数是预期收益率，实际得到多少不得而知，所以这类理财产品最难对比和把握。下面依据一份理财产品说明书做一个大致的比较和分析。

《中国工商银行"稳得利"资产组合投资型人民币理财产品（271天）代码：XT1071》

该款产品的周期为271天，预期收益率扣除手续费最高为3.3%，而同期的一年定期存款利率为2.25%，收益高出存款收益50%，相对来说收益很高。但是如果考虑到从2010年11月至其到期，这期间利率经过5次密集调整，截至2011年6月，一年期定期存款利率已经高达3.25%，那么收益就并不高了。这种市场风险导致的收益水平降低是我们所不可预知的。

同样，其他银行的中长期理财产品也面临同样的问题。中国农业银行"金钥匙安心得利"的年化收益率预期最高为3.6%，扣除手续费实际年化预期收益率最高为3.55%，但同期定期存款利率已达3.25%，相比之下收益只高10%，对客户的吸引力就不大了。中国建设银行的"乾元共赢"系列也是如此，收益水平随着时间的推后和国家利率的不断上升而调高，收益水平在增加，但是相对定期存款的利差在缩小。

综合几家银行理财产品，不能比较出到底哪家银行的哪款产品更优秀，但是可以看出以下几个方面。

（1）根据客户自身的资金情况选择购买短期还是中长期的理财产品，短期产品的收益率肯定低于中长期，但资金流动性更强。

（2）购买中长期理财产品时要综合考虑同期利率水平，一旦遇到国家密集调整利率政策，也要调整自己的购买时机。

（3）在利率较高的时候购买理财产品。因为银行为了保持理财产品的优势，必须保证其收益率高于存款，所以也会给出较高的最高预期收益水平。

3.13 如何选择银行理财产品

上述小节系统地介绍了网上银行理财产品的相关常识、操作和注意事项，那么面对满天飞的银行理财产品，各不相同的收益率，客户如何选择最适合自己的理财产品呢？本节建议客户从如下几个方面考虑。

（1）看产品的类型。看产品是保证收益型的，还是非保证收益型的；是固定收益型的，还是浮动收益型的。一般来说，保证收益型产品是银行理财产品中风险最低的，非保证收益型产品的收益是浮动的，能给客户带来更多的回报，但这种产品的风险要比保证收益型产品高一些。

（2）看产品的挂钩对象，也就是投资方向、投资范围。如果客户看好相关投资领域，便可以选择挂钩这些领域的理财产品。

（3）看投资期限和资金到账时间。一般来说，投资期限越长，收益越高。此外，客户在购买短期理财产品以后，在产品到期或提前赎回时，不同银行的资金到账时间不相同。

（4）看产品的流动性，注意提前终止权。有的银行规定客户在购买了短期理财产品以后，无权提前终止（赎回）该产品，但银行有权提前终止该产品。如果客户对资金流动性要求相当高，那么一定要注意这方面的条款，大多数理财产品约定客户是不能提前终止的。

在总结一些银行理财产品购买经验的基础上，我们也发现几个购买网银理财产品的小技巧，主要有如下三个技巧。

■ 银行越小收益往往越高

从往年的年收益中可以发现，一些小银行的理财产品预期收益要比大银

行的高。预期收益排前的往往是一些规模较小的地方商业银行，预期收益排在中间的是规模稍微大些的股份制银行，预期收益最低的是大型银行。

例如，2014年8月14日，中国工商银行和包商银行各自发行了一款理财产品，同样的5万元起投金额，同样是低风险理财产品，工商银行的"2014年第29期保本型理财产品37天BBD14495"投资37天，预期最高年收益率为4%，预期收益197元；包商银行的"优逸系列之荟金141102号人民币理财产品YYHJ141102"投资33天，预期最高年收益率为5.1%，预期收益为230元。

这是由于客户普遍认为大银行更加牢靠，对小银行总抱有迟疑的态度。但纵观中国整个银行理财市场，目前银行理财产品不兑付的现象似乎也没有发生，而且现在很多小银行也并没有投资者想象的那么糟糕，甚至有些在某方面比大银行运营得还要好，也有一些上市的中小银行，它们都值得信任。

■ 节日专属银行理财产品收益更高

利用节日发行理财产品是银行的一贯做法。每逢节日，银行都会提前一至两周发行相应的节日理财产品，在情人节、劳动节、端午节、儿童节、中秋节、国庆节、教师节、春节等各大节日，都能找到银行发行的"节日专属"理财产品，客户在此时购买也非常有必要。

有数据统计，曾有22家商业银行发行过节日理财产品。其中最"爱过节"的银行是华夏银行、宁波银行、兰州银行，这三家银行发行的"节日专属"产品，至少包含6个节日。据统计，2014年教师节共有5家银行发行了教师节专属理财产品，其中预期收益率最高的是江苏银行一款投资期限为730天的理财产品，年预期收益率高达6.8%，比普通的银行两年期整存整取的年利率3.75%高出了3.05个百分点。一般而言，这类理财产品通常比同期发行的其他理财产品预期收益率要高，因而备受投资者的青睐。

■ 银行"钱荒季"收益率往往更高

一般来说，各家银行是每季度末、半年、整年考核一次，银行由于市场资金紧张以及揽储的压力，在这个时候往往会通过发行"冲时点"较高收益理财产品来吸储。所以，投资者可以在每年的3月、6月、9月、12月关注银行理财产品。银行间上演的前所未有的"揽储大战"，发行的很多理财产品的年收益率相比平日发行的理财产品高得多。

总的来说，客户在购买银行理财产品时，无论是在挑选银行上，还是从选择购买时间和购买渠道上，都必须清楚低风险理财产品也会存在收益的风险，除了看预期收益，关注产品投资标的、收益类型、投资期限等细节内容，还要关注资金的投资去向。投资者需要理性投资，做好资金配置，选择真正适合自己的产品。

3.14 小结

随着互联网的快速发展，投资者更倾向于通过个人网上银行来购买银行理财产品。本章首先简要介绍了网上银行理财产品的优势及其分类，同时就理财产品的风险进行了说明；其次，为了使客户快速了解各款理财产品，通过实例详细解读了银行理财产品说明书和一些专有名词。此外，本章还重点讲解了如何在网上对银行理财产品进行认购、申购、赎回和撤单等操作。最后就如何选择银行理财产品和购买产品的技巧做了简要介绍。

第4章

余额宝

阿基米德曾说过："给我一个支点，我就能撬起整个地球。"余额宝的诞生无疑算是一个支点，它将金融和互联网融合，让理财市场更加丰富。可以说，余额宝是互联网金融理财的代表产品，它掀起了全民理财的浪潮，在互联网金融发展历程上具有里程碑式的影响和地位。

4.1 什么是余额宝

2013年6月13日，阿里巴巴集团旗下的支付宝公司正式推出余额宝，它是由第三方支付平台支付宝为个人用户打造的一项个人金融理财、余额增值（存款）服务。余额宝的诞生，标志着我国互联网金融理财的元年到来了。

余额宝自2013年6月13号诞生，至2013年6月30号，短短17天的时间，累积用户已经达到251.69万，总计转入资金规模达到66.01亿元。截至2013年底，余额宝用户增长到1200万，人均持有余额宝金额达到4858元。到2014年底，余额宝规模为5789.36亿元，人均持有3133元，用户数则增加到1.85亿，占全国人口总数的1/9。此外，余额宝在2014年为用户创造了240亿元的收益。这些数据创造了货币基金行业的奇迹。

余额宝究竟有什么魅力，能在一年多的时间内取得如此大的成功呢？这源于余额宝的产品特点和市场定位。用户在支付宝网站内就可以直接购买基金等理财产品，获得相对较高的收益。同时，余额宝内的资金还能随时用于网上购物、支付宝转账等支付功能。

余额宝的最大特点是，用户存留在余额宝内的资金可以随时用于支付，同时，存留的资金不仅能拿到"利息"，而且和银行活期存款利息相比收益更高。此外，余额宝支持支付宝账户余额支付、储蓄卡快捷支付的资金转入，且不收取任何手续费。如此灵活、快捷、高收益的产品，改变了人们对理财产品的一贯认识。因此，余额宝受到人们的广泛青睐就不难理解了。

支付宝是阿里巴巴集团下的第三方支付平台，成立于2004年12月，致力于为用户提供"简单、安全、快速"的支付解决方案，主要提供支付及理财服务，包括网购担保交易、网络支付、转账、信用卡还款、手机充值、水电煤缴费、个人理财等多个领域。

事实上，由余额宝引领的互联网理财热正迅速向实体银行蔓延，国内的各大银行纷纷效仿余额宝，推出形色各样的理财产品。例如，中国银行推出中银"活期宝"，上线首日的年化收益率达到6.579%。此外，交通银行和易方达基金联手推出"实时提现"，与余额宝的风格十分相似。可以说，余额宝的推出，在一定程度上改变了银行，这是以前的任何一款理财产品都难以做到的。

4.2
余额宝的产品背景

余额宝在短时间内迅速崛起并持续升温，带动了整个互联网金融理财行业的兴起，引发了金融领域乃至整个社会的广泛关注。然而，余额宝并不是凭空崛起的，这需要从它的诞生背景和原因说起。

事实上，大多数客户都没注意到余额宝是何时"蹦到"公众视野中的。那么，余额宝究竟是在什么样的背景下产生的呢？具体来说，余额宝的诞生离不开当前的金融环境和政策监管环境，主要体现在如下几个方面。

（1）监管政策的放松有利于电商与基金结合。在新一届政府强调简政放权、发挥市场在资源配置中决定性作用的大背景下，传统"风险零容忍"的金融监管理念和监管政策出现了阶段性调整，金融监管部门以开放的态度为互联网金融留下了一定的"容错、试错"空间，余额宝这类跨界产品才有了"监管套利"的时间窗口。因此，监管机构大力支持基金公司利用第三方电商平台销售基金产品，为余额宝的诞生提供了大环境。

（2）金融环境下的大势所趋。近几年，基金行业发展举步维艰，80%以上的基金产品都由银行销售，营销模式匮乏单一，急需突破。而阿里巴巴的支付宝公司逆势而上，通过对理财产品的大量探索和支付宝资金的大量积累，为余额宝的诞生打下了基础。

（3）互联网金融消费习惯已经形成。自2010年以来，我国互联网普及率迅速提升，截至2014年底，我国网民约6.49亿，互联网普及率为47.9%。手机网民为5.57亿。随着网络购物的兴起，互联网金融消费习惯逐渐形成，网购、网上支付和网上银行的用户规模均快速提升。因此，互联网普及率的提升和网上消费习惯的形成，成为余额宝快速发展的保障。

此外，余额宝自身的产品特点和定位也成为它创造货币基金行业奇迹的重要原因。阿里巴巴集团的支付宝8亿注册用户，是余额宝的客户基础，而余额宝结合理财和现金管理两种功能，深度挖掘支付宝用户。余额宝的理财功能通过货币基金专业投资团队实现，而现金管理功能通过有条件的T+0赎回到账实现，部分替代了活期存款的功能。这种功能组合使大量支付宝用户迁移为余额宝用户，也促使余额宝用户的规模在短短一年时间内即突破了一亿。

T+0是一种交易制度，其中的T是Today的意思。凡在成交当天办理好价款清算交割手续的交易制度，就称为T+0交易。通俗地说，就是当天买入的产品在当天就可以卖出，而T+0赎回就是当天赎回当天到账。

4.3 余额宝的本质

余额宝推出之后取得巨大的成功。有人说余额宝是一种新的金融理财产品，它彻底改变了银行和基金。事实上，余额宝并不是一种全新的产品，包括后续章节会陆续提到的理财通、现金宝等若干宝宝类产品，它们的本质都是货币基金。

货币基金是聚集社会闲散资金，由基金管理人运作，基金托管人保管资金的一种开放式基金，专门投向风险小的货币市场工具。区别于其他类型的开放式基金，货币基金具有高安全性、高流动性、稳定收益性等特征。

余额宝的本质是天弘基金发行的一种货币基金，也被称为"天弘基金增利宝"。事实上，市场上有一百多种货币基金，余额宝只是这一百多种中的一种而已。余额宝的运作流程如图4-1所示。

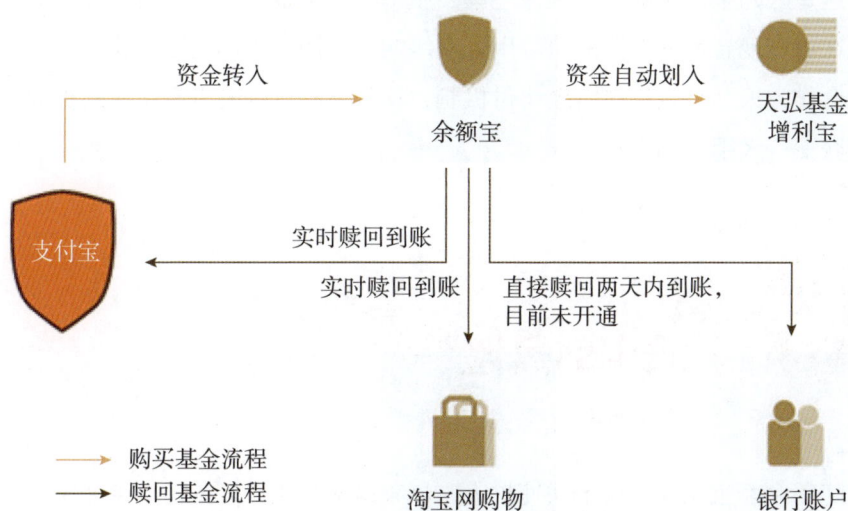

资金转入 → 余额宝 → 资金自动划入 → 天弘基金增利宝

支付宝

实时赎回到账

实时赎回到账　　直接赎回两天内到账，目前未开通

→ 购买基金流程
→ 赎回基金流程

淘宝网购物　　银行账户

图4-1　余额宝运作流程

从图4-1可以看出，余额宝中的资金是由一种货币基金来管理和运作的。既然说到货币基金，那大家需要对货币基金的一些特点有所了解，之后将其与余额宝对比，可以发现两者之间的共同点。一般的货币基金具有如下特征。

■ 货币基金是流动性强、风险极低的现金管理工具，主要投资于债券、票据、定期存款等低风险产品。

■ 7日年化收益率是货币基金的一个数据指标，但只有长期稳定的7日年化收益率才有参考价值。此外，7日年化收益率是预估年收益率，每万份收益才是当日的实际收益参数。

■ 根据数据推演得出的收益都是货币基金的历史收益，不代表未来收益，只有参考价值。

■ 货币基金的投资方向是低风险产品，它的作用更多是代替活期存款来做更好的现金管理，而不是一个高收益的投资工具。

根据如上货币基金的特征，再与大家所了解的余额宝对比，可以发现它们都存在这些共同点。因此，余额宝的本质是一种货币基金，它的创新性并不足，这是毋庸置疑的。然而，为什么其他货币基金没有创造像余额宝这样的奇迹呢？

这是因为余额宝依托阿里巴巴集团旗下的支付宝平台，使得余额宝中的资金在进行现金管理的同时可以用于网络购物，使用更加灵活。此外，余额宝的合作方天弘基金通过资金垫付机制，实现余额宝中的资金可随时提取，从而获得广大用户的青睐。

4.4 余额宝的风险

随着余额宝用户规模的快速扩大，越来越多的用户开始担心余额宝的风险了。事实上，余额宝作为一种货币基金，其风险是不可避免的。可以说，余额宝的风险来自于它投资的短期债券与市场利率变化，具体表现在如下几个方面。

（1）收益不稳定。余额宝的收益是来自货币基金，而货币基金的收益并不是固定的，是基金投资就会有风险。

（2）政策不明晰。按照央行对第三方支付平台的管理规定，支付宝余额可以购买协议存款，但能否购买基金却没有明确的规定。从监管层面来说，余额宝借助天弘基金实现基金销售功能的做法并不完全合法，一旦监管部门发难，余额宝有可能会被叫停。

（3）安全存在漏洞。余额宝是通过支付宝进行银行卡与货币基金的中转，而传统的货币基金是个人银行卡到货币基金。余额宝在资金流转方面因为支付宝的存在，破坏了资金从个人银行卡到货币基金托管行的银行体系，一旦个人支付宝环节出现漏洞，客户资金将出现风险。

（4）风险提示不足。余额宝并没有提醒用户货币基金的投资风险，一旦余额宝用户因收益发生争执，法律纠纷很难避免，由此引发的影响很难估计。

然而，货币基金虽然有风险，但是相对于其他投资理财产品而言，它的风险相对较小。这是因为只有同时满足两个条件时，货币基金才有可能发生本金亏损：一是短期内市场收益率大幅上升，导致券种价格大幅下跌；二是货币基金同时发生大额赎回。而据有关测算表明，单日货币市场基金发生本金亏损的可能性很小（0.06117%），如持有一周或者一月，则本金损失的概率接近于零。

虽然余额宝作为货币基金存在一定的风险，然而它的风险却是相对较小的。这是因为余额宝拥有支付宝为其担保，又有相对安全的国债、银行保单等投资标的作为货币基础。

截止到2015年4月3日，余额宝的7日年化收益率已降低到4.45%，已低于许多理财产品的收益。因此，尽管余额宝的便利性高，风险性低，但是对于投资者的理财需求来说，余额宝的高吸引力在逐渐减弱。

无论是余额宝，还是其他理财产品，都不可能完全避免风险，风险的规避只可稀释不可消除。投资者应根据自身对理财产品风险的理解能力和承受能力，选择适合的产品类型。

4.5
余额宝的优缺点

相对传统的银行理财产品来说，余额宝自从诞生之初就获得广泛的关注，至今用户规模已经超过1.8亿，这与它的优势是分不开的。具体来说，余额宝之所以吸引广大用户的资金，源于如下几个方面的优点。

（1）门槛较低，操作方便。相对于一般银行理财产品5万元起购的高门槛，余额宝推行最低购买金额为一元的政策，大大降低了理财计划的门槛。余额宝采用基金直销的方式，减少了中间的手续费，为客户带来更高的收益。此外，余额宝账户资金的转入转出都通过互联网进行，操作简单方便。

（2）收益高，当天转入。余额宝刚推出时，7日年化收益率高达6%～7%，虽然近期有所下降，但远高于银行0.4%左右的活期存款利率，在这样的收益对比下，客户更愿意把自己的活期存款甚至是部分定期存款转入到自己的余额宝账户。同时，余额宝的收益每天都可以查看，而且每日的收益都会自动转入自己的余额宝账户。相对于银行"看不见"的收益，人们更容易被余额宝里每天可见的收益所吸引。

（3）低成本，高效率。余额宝突破了传统金融低效率和高成本的压制，满足了民众的有效需求。随着金融深度和广度的提升，大众金融需求呈多样化和复杂化的趋势，在利率管制的情况下，存在巨大的套利空间。以银行存款为例，活期存款利率不高于0.4%，一年期定期3%，而协议存款达5%～6%。余额宝正是抓住这种息差机会，通过互联网汇聚用户"小额"资金，然后将其存入银行同业账户，由此向用户提供高于活期存款10～15倍的收益。

（4）方式灵活，随时消费。与银行活期存款相似，只要用户有意愿提现或者用于支付，并且能够随时随地使用计算机或手机等客户端，均可以从余额宝中将自己的余额提现、消费或者用于支付其他费用，极大地降低了客户的顾虑，更加方便了用户日常资金的使用。

此外，余额宝具有相当高的透明度，用户能够随时查看余额宝账户内的余额以及收益等事项。与此同时，余额宝也会定期公布存入基金的沉淀资金总额以及收益率变化等情况，以充分实现透明化理财的阳光环境。

当然，余额宝也并不是一款无瑕疵的理财产品，它有自身的定位。对于金额不大且随时可能要被消费的零散资金来说，余额宝是最合适的选择，这是因为零散资金总量太少，无法购买高收益的理财产品，只能以活期形式存在，而其所带来的收益是最低的银行活期利率。然而，对于5万元以上的资金来说，余额宝就不再是最佳选择了。这是因为银行各款理财产品的门槛一般在5万。总的来说，银行理财产品的收益率与余额宝不相上下，有的甚至更高，而风险相对余额宝来说更小。

事实上，余额宝的缺点在于其本质是货币基金，或多或少存在一定的风险。此外，余额宝的收益并不稳定，且一直在下滑，这也是大额投资应规避的。

4.6
余额宝的收益分析

无论余额宝的灵活程度有多高，门槛有多低，用户将资金投入余额宝，看中的主要是收益。本小节对余额宝从诞生到至今的收益进行分析，供用户参考。

余额宝自2013年6月13日诞生后，截止到2013年6月30日的短短17天内，累积用户已经达到251万，总计转入资金规模达到66.01亿元。根据有关数据显示，截止到2013年底，半年时间内余额宝用户增长到1200万，使得与余额宝对接的天弘增利宝基金成为市场上规模最大的基金。截止到2014年底，余额宝规模为5789亿元。

事实上，余额宝的收益取决于资金利率的走势。例如，2013年12月，资金利率走高，余额宝的收益也高了；资金利率低，余额宝的收益也降低。如果货币市场走弱，余额宝的收益回归将是一个稳定的回归过程，不会出现突然降低的情况。

一般来说，余额宝作为一种货币基金，其收益显示为两种：万份收益和7日年化收益率。其中，7日年化收益率已在前面章节描述，其表述的是最近7天的收益率，而万份收益是说当天的收益情况。例如，图4-2为余额宝在2014年部分时间的万份收益。

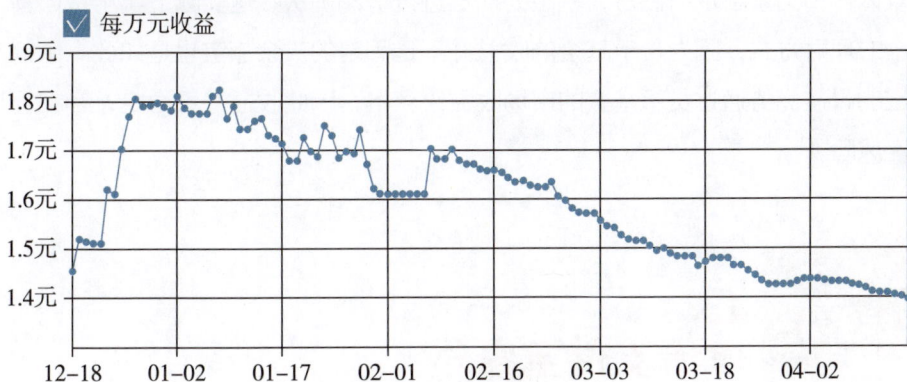

图4-2　万份收益走势图

从图4-2中可以看出，余额宝在1月初到2月初的万份收益率最高，2月份以后的收益逐渐走低。图4-3为2014年部分时间的7日年化收益。

根据图4-3中的显示，余额宝在2014年的1月初到2月初的7日年化收益率最高，4月份逐渐走低。图中短期余额宝表现的好坏会极大地影响到这个数值，但短期的几天数值却不能代表全年，或者一个月的水平。

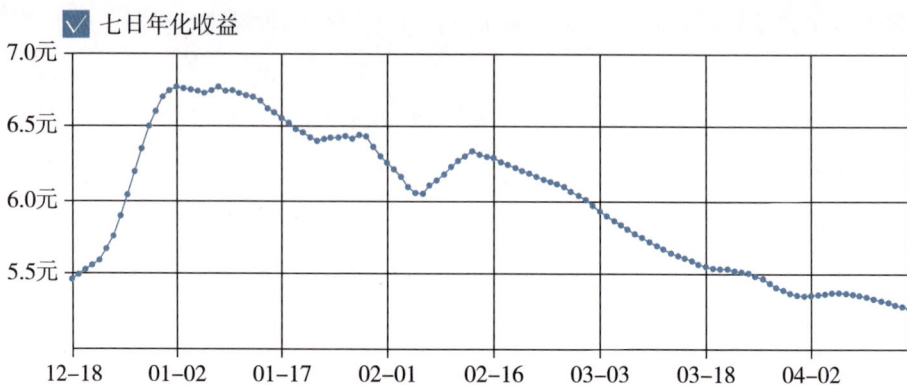

图4-3 7日年化收益走势图

用户需要注意的是，用户转入余额宝的资金在第二个工作日由基金公司进行份额确认，并计算收益，收益计入用户的余额宝资金内。例如，某用户于4月13日15:00前向余额宝转入500元，4月14日基金公司确认份额，4月15日基金公司公布14日的每万份收益是1.1907，4月15日该用户的余额宝可以查询到14日的收益为：(500/10000)×1.1907≈0.0595元。

此外，用户如果在当天15:00点后转入，资金会顺延一个工作日确认，双休日和国家法定节假日，基金公司不进行份额确认。这实际上属于货币基金的理财方式，因为货币基金的收益并不是固定的。余额宝也是如此。余额宝的收益优势通过货币基金的市场收益来获得，因此收益并不稳定，存在一定风险。

4.7
申请支付宝账号

由于余额宝是依托支付宝而存在的，因此用户在开通余额宝功能之前必须先拥有一个支付宝账号。

如果用户还未拥有支付宝账号，那需要先申请并进行实名绑定才能开通余额宝功能。本小节为大家介绍如何申请支付宝账号。简单地说，支付宝账号的申请根据淘宝网中的注册向导即可轻松完成，主要有如下几个步骤。

（1）在浏览器中打开淘宝网主页（http://www.taobao.com），在主页上找到支付宝链接并进入支付宝页面，或者直接打开支付宝主页（http://www.alipay.com），如图4-4所示。

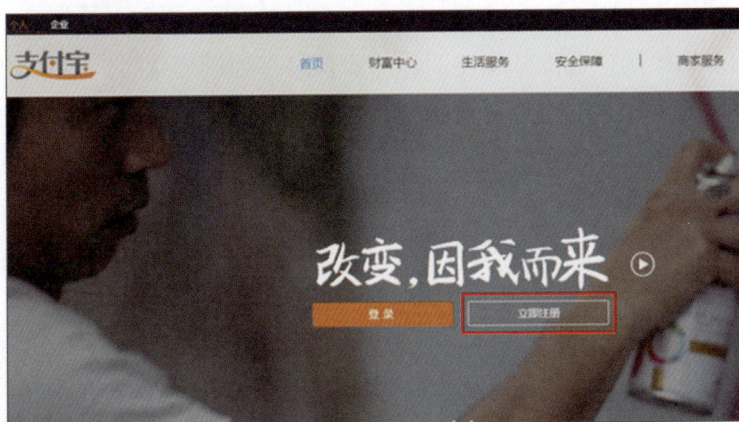

图4-4　支付宝页面

（2）在图4-4的支付宝主页中点击【立即注册】命令后，即可进入支付宝的注册页面。点击【个人账户】后，在【国籍/地区】下拉列表框中选择【中国大陆】，在需要输入手机号和验证码的文本框中手动输入手机号码和验证码，点击【下一步】命令，如图4-5所示。

图4-5　支付宝注册页面

从图4-5可以看出，支付宝支持个人账户和企业账户两种类型的用户，在注册使用的页面上，支付宝默认为手机注册，用户也可以选择邮箱注册。需要注意的是，即使用户选择邮箱注册，支付宝为保护账户安全，还是会要求用户输入手机号码。

（3）如果用户选择邮箱注册，需要登录邮箱进行激活。例如，此处输入的邮箱为yang505412@yeah.net，在输入手机号码确认后，登录该邮箱查看邮件，如图4-6所示。

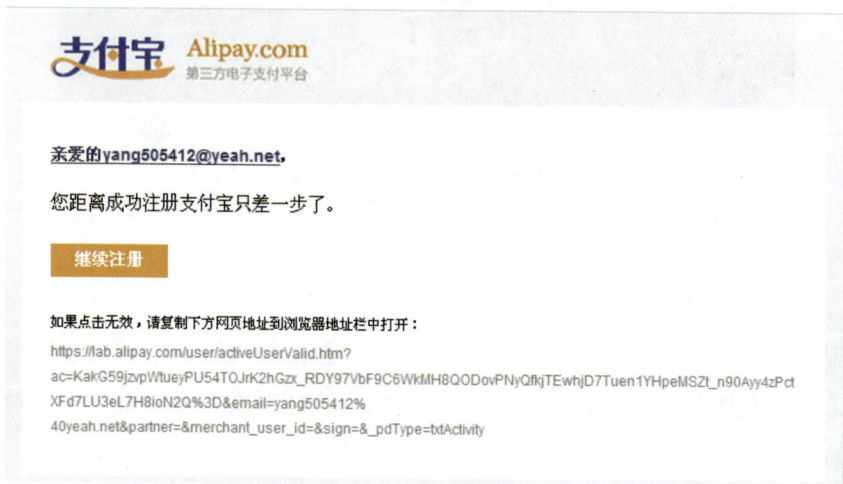

图4-6　邮箱激活页面

如果用户选择手机注册，那么需要在图4-7中填入手机上收到的校验码，并点击【下一步】命令完成。

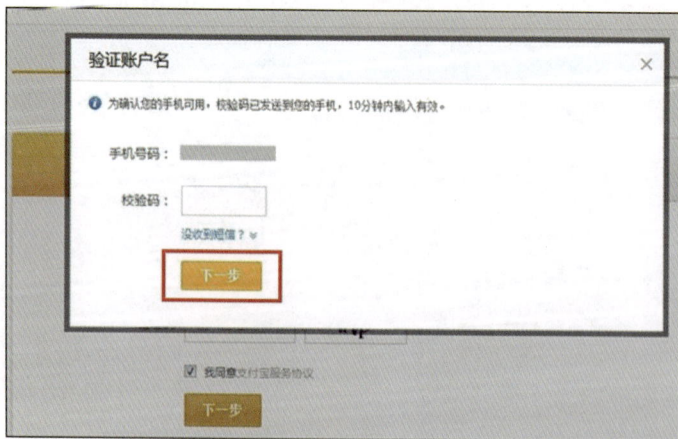

图4-7　手机验证页面

从零开始学互联网理财

注意： 支付宝系统默认就是手机号码注册，如填入的手机号已注册过，系统会提示"此手机号码已经被注册，请更换号码注册或登录"。

（4）在图4-6中点击【继续注册】命令或在图4-7中点击【下一步】命令即可进入支付宝账号申请的第二个环节，即设置身份信息，信息包括支付宝账号的登录密码、支付密码和用户的真实姓名、身份证号码等内容，如图4-8所示。

图4-8　设置身份信息

（5）在图4-7中点击【确定】命令后，支付宝系统将根据用户填写的信息进行判断。如果用户未通过身份验证，也可以进行网上购物，但不能进行充值、查询收入明细等操作，后期可以通过"实名认证"操作来完善；如果通过身份信息验证，可以使用支付宝所有功能，此时页面提示银行绑定银行卡，输入用户的银行卡卡号及该卡银行预留的手机号，点击【确定】，输入校验码，点击【确认，注册成功】完成开通支付宝服务且绑定银行卡成功，如图4-9所示。

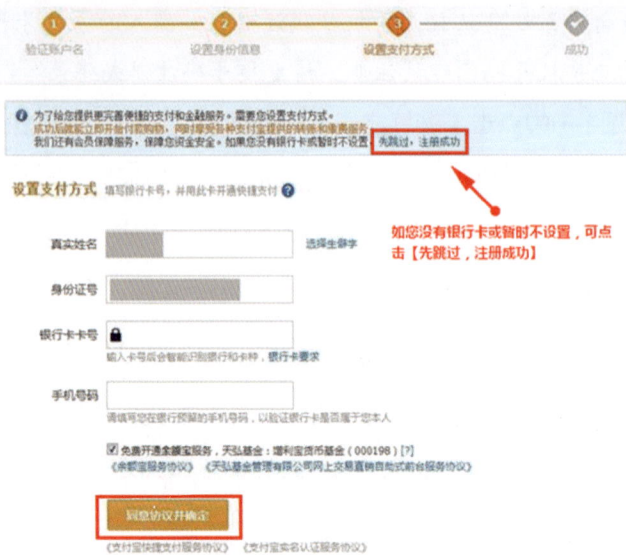

图4-9　设置支付方式

（6）设置支付方式之后，系统还会向用户填写的手机号码发送一条校验码，要求用户输入，系统核对无误后将为用户开通支付宝。同时，用户可以继续完善个人资料等内容，如图4-10所示。

图4-10　注册成功

至此，支付宝账户的申请就已经完成。用户还可以继续完善职业、常用地址、身份证有效期等个人信息。如果没有进行实名认证的用户，还可以在登录支付宝账号后继续完成实名认证，以获得支付宝的所有功能。

支付宝账户申请成功，用户登录支付宝页面就会在页面上显示一个余额宝，图4-11所示的方框内即为余额宝的资金。

图4-11 余额宝功能

由于支付宝账户对应着余额宝账户，因此用户无需额外开通余额宝功能，只需将资金转入余额宝即可使用，获得余额宝收益。

4.8 如何将资金存入余额宝

支付宝账户开通之后，用户就可以直接使用余额宝了。当然，要想获得余额宝的收益，必须先将自己的闲散资金存入到余额宝中。支付宝公司为了方便用户转入资金到余额宝，极力精简了操作流程，只需通过如下几个步骤即可实现。

（1）登录支付宝账户，在支付宝首页或"我的支付宝"页面即可找到余额宝，点击余额后的【转入】命令，如图4-12所示。

图4-12 点击【转入】命令

（2）进入资金转入页面后，核对账户信息，阅读余额宝服务协议，确认无误后点击页面的【同意协议并继续】命令，如图4-13所示。

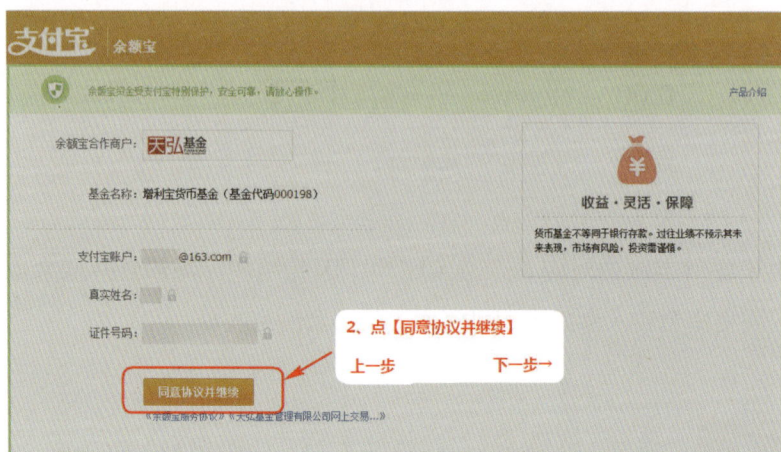

图4-13　核对账户信息并阅读协议

（3）用户同意余额宝的服务协议后，系统将进入余额宝的资金存入选择页面。用户可以选择【单次转入】或【自动转入】，同时设置转入金额，再选择【电脑转入】或【手机转入】的转入方式，并按照操作提示进行资金存入操作即可，如图4-14所示。

图4-14　设置转入资金和转入方式

余额宝支持用户从支付宝账户中转入资金，同时也允许从开通了网上银行的银行卡账户中转入。一般来说，各银行的信用卡、储蓄卡只需开通了网上银行支付功能，均可将资金转入余额宝。

此外，建议用户存入余额宝的资金在100元以上，这样可以有较高概率看到收益。否则，如果当日收益不到一分钱，系统可能不会分配收益，且也不会累积，用户无法获得收益。

注意： 各商业银行的网上银行支付有一定限额，这是用户在进行将银行卡资金转入余额宝的操作时需要了解的。例如，中国工商银行的储蓄卡通过口令卡可以单笔转入2000元，而通过U盾则可以单笔转入100万元。此外，余额宝账户的资金限额为100万元。

4.9
如何从余额宝提取资金

余额宝的主要特征是实时提取资金。当用户需要提取余额宝中的资金时，只需通过如下三个步骤即可实现。

（1）登录支付宝账户，并在【我的支付宝】|【首页】的余额宝中，点击【转出】命令，如图4-15所示。

图4-15　点击【转出】命令

（2）选择资金去向，并输入转出金额和支付密码。需要注意的是，余额宝中资金的转出有两种去向，一是转出至银行卡，二是转出至支付宝账户。如果用户选择将资金转到支付宝账户，选择转出去向为【转出至账户余额】，并输入转出金额和支付密码，点击【确定】命令，如图4-16所示。

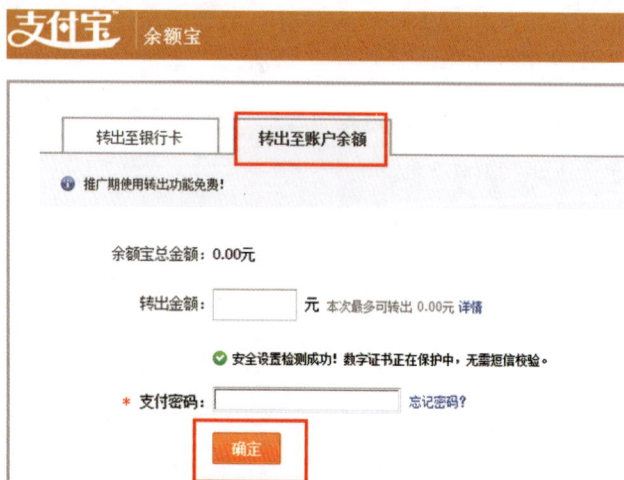

图4-16 转出至账户余额

同样的，如果用户需要将余额宝中的资金直接转到银行卡，就需要选择【转出至银行卡】选项，同时选择相应转出至卡的银行；如果账户已添加的卡支持转出至卡，只需选择要转出的银行卡即可，反之可点击【添加银行卡】换卡或新增卡进行操作，如图4-17所示。

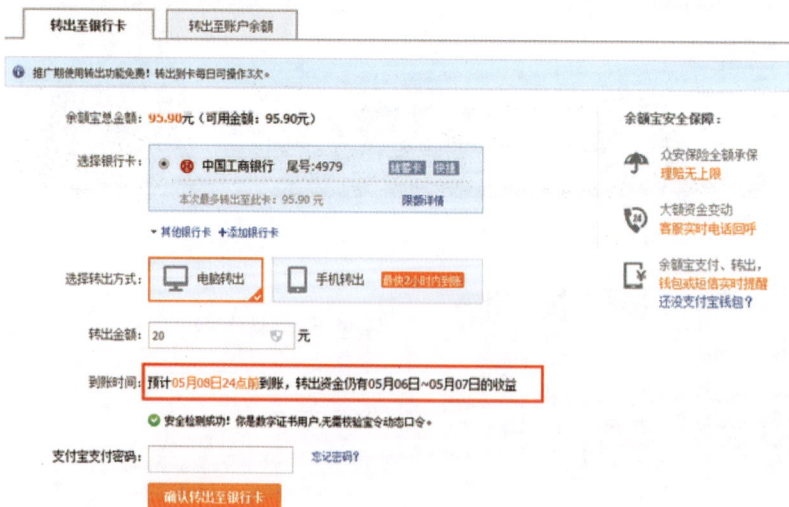

图4-17 转出至银行卡

需要注意的是，用户需要区分【使用电脑转出】和【使用手机转出】两种操作方式。其中，采用手机转出方式最快可以两小时内到账，使用电脑转出则一般于24小时内到账。在图4-17中输入转出金额和支付密码后点击【确认转出至银行卡】命令，支付宝将显示转出申请信息，如图4-18所示。

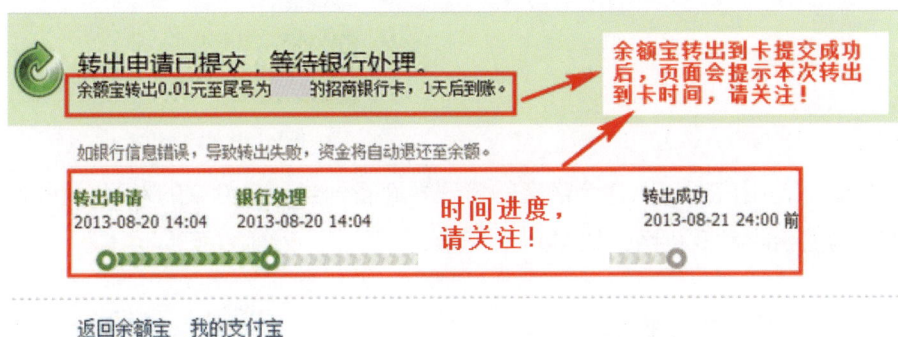

图4-18 转出申请确认

至此，将资金从余额宝中转出的操作就完成了。同样，当用户将资金转出到银行卡操作时，需要注意银行卡的限额。

4.10
查看余额宝资金的收益

当用户在余额宝中存入了一定量的资金后，就可以查看存入资金的收益。前文提到，余额宝的本质是一种货币基金，余额宝中资金的收益也是由天弘增利宝基金来支付的。此外，余额宝的收益不是稳定的，因此每天的收益会有差别，用户可以通过登录支付宝账户来查看余额宝每天的收益情况，操作步骤如下所示。

（1）登录支付宝账户，点击【我的支付宝】|【首页】下的余额宝中的【管理】命令，如图4-19所示。

（2）进入管理页面后，余额宝将显示当前账户的昨日收益、账户内的总金额和历史累计收益等数据，如图4-20所示。

图4-19　转出申请确认

图4-20　查看收益

此外，用户还可以在余额宝的管理界面看到当前余额宝的7日年化收益率和每万份收益变化图，如图4-21所示。

图4-21　查看收益变化情况

余额宝中的收益有一个计算公式：当日收益=(余额宝确认金额/10000)×当日基金公司公布的每万份收益。其中，余额宝确认金额是指用户存入余额宝并经过基金公司确认的并且能够产生收益的金额。

4.11 下载余额宝APP到手机

在当前移动互联网高速发展时期，各种应用都渐渐向移动终端迁移，支付宝和余额宝平台也不例外。为了让用户更便捷地查看余额宝的收益、操作余额宝中的资金，支付宝公司允许用户在移动终端（如手机）上安装余额宝APP。

APP，即Application的缩写，是指智能手机的第三方应用程序。比较著名的应用商店有苹果的App Store，谷歌的Google Play Store，黑莓用户的BlackBerry App World，微软的Marketplace等。

由于手机的移动性和便捷性，相对于计算机端，余额宝APP具有得天独厚的优势。那么，如何下载余额宝APP客户端到手机并安装呢？需要用户注意的是，余额宝没有独立的APP客户端，其依托于支付宝APP而存在。因此，只需要下载并安装支付宝的APP到手机即可使用余额宝了。

用户应该了解，当前智能手机的主要操作系统是Android和苹果IOS，支付宝APP针对两种不同的系统开发了相应的版本。以苹果IOS系统为例，本节简要介绍如何安装支付宝APP到手机，具体操作步骤如下所示。

（1）在苹果手机IOS系统的主屏上找到并打开APP Store应用，如图4-22所示。

图4-22　打开APP　Store

（2）打开APP Store应用后，点击该应用程序底部的【搜索】图标，随后在搜索框中输入关键字"支付宝"并点击搜索即可，如图4-23所示。

（3）在搜索列表中选择"支付宝钱包（余额宝官方客户端）"，在显示的应用后点击【获取】命令，系统即开始下载该APP到手机。下载完成后，该应用旁将出现【打开】命令，如图4-24所示。

图4-23　搜索支付宝APP

图4-24　下载支付宝APP

　　至此，包含余额宝功能的支付宝APP——支付宝钱包就下载到手机了，用户可以打开该APP完成查看收益、资金转入转出等操作。同样，采用Android系统的手机下载支付宝APP的操作类似，只不过第一个步骤不在APP Store中完成，可以通过UC等移动终端浏览器搜索和下载。

4.12
手机操作余额宝转入资金

　　在手机端下载并安装好支付宝APP后，就可以通过手机操作余额宝资金的转入和转出了。本节首先介绍在手机上完成余额宝资金的转入操作，实现步骤如下所示。

　　（1）在手机主屏幕上找到并打开支付宝APP，输入用户的支付宝账户和密码。登录到支付宝APP后，可以看到该应用的所有功能，如图4-25所示。

图4-25　支付宝APP功能

　　（2）在图4-25中点击【余额宝】后即可看到余额宝的昨日收益、总金额、万份收益等相关信息，同时可以看到【转出】和【转入】两个命令，如图4-26所示。

　　（3）点击图4-26中的【转入】命令，进入余额宝的转入界面。一般来

说，用户可以从绑定的银行卡中转入，也可以从支付宝余额中转入。此处从绑定的银行卡中转入，用户填入转入金额即可，如图4-27所示。

注意：当用户从银行卡中将资金转入余额宝时，各个银行都设有一定的限额，且通过手机转入的限额与通过计算机端转入的限额有所不同，如中国工商银行的手机单次转入限额为5000元，用户可参照图4-27右上方的限额说明。

图4-26 手机显示余额宝信息　图4-27 选择转入银行卡并输入转入金额

（4）当用户确认转入的账户和金额后，点击图4-27中的【确认转入】命令，此时支付宝要求用户输入支付密码以完成转入，如图4-28所示。

（5）用户输入支付密码无误后即完成转入，此时支付宝会显示用户的资金转入情况，同时显示计算收益的时间，以便用户核对，如图4-29所示。

图4-28 输入支付密码　　　图4-29 转入成功

至此，通过手机操作余额宝并完成资金的转入就完成了。如果用户需要从其他途径将资金转入余额宝，只需在步骤（3）中选择银行卡或支付宝余额等选项即可。

4.13
手机操作余额宝转出资金

与手机转入操作类似，用户也可以通过手机操作将余额宝中的资金转出到支付宝余额或银行卡。通过手机操作转出余额宝资金的优势在于，转出到银行卡无需手续费，且大部分银行支持小额资金实时到账。

通过手机转出余额宝中的资金的操作步骤与转入操作大致相同，用户在4.12小节中的步骤（2）点击【转出】命令，如图4-30所示。

在资金的转出界面，用户可自行选择银行卡，选择后需点击【完成】命令。同样的，选择好银行卡后，输入转出金额，支付宝系统将自动显示当前最快的【到账时间】，点击【立即转出】命令即可，如图4-31所示。

图4-30　手机转出资金

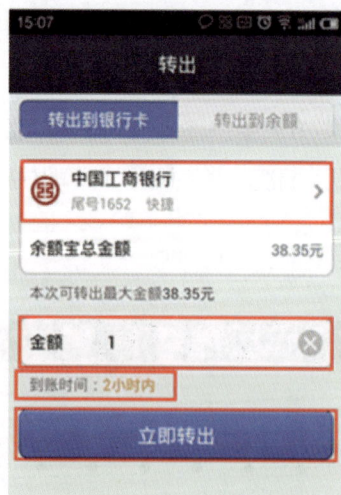

图4-31　手机转出资金

同样当用户确认转入的账户和金额后，点击如图4-30所示的【立即转出】命令，此时支付宝也要求用户输入支付密码。当用户输入密码后，转出

从零开始学互联网理财

申请成功，用户可以在约定的到账时间后查询银行账号的余额以确认。

一般来说，按余额宝转出至银行卡的金额大小可以区分以下时间段：

（1）2小时内到账：日累计5万元以内，且在该卡服务时间内正常处理；

（2）次日到账：支持普通提现的银行卡都支持次日到账，单笔≤5万元，第二个自然日内24点前到账；单笔＞5万元，提交后的一个工作日内24点前到账。

4.14 余额宝操作技巧

用户使用余额宝最重要的原因在于灵活提取资金的同时可以获得较高的收益，如果用户在使用余额宝时注意一些使用技巧，能够使得余额宝资金收益最大化。这些技巧主要在于掌握资金转入和转出的时间，本小节将具体讲解。

有许多使用余额宝的用户发现将资金存入余额宝后的第二天并没有显示收益，这是因为基金公司确认金额需要一定时间。表4-1显示了资金存入时间和对应的收益显示时间，供用户参考。

表4-1　资金存入时间和对应的收益显示时间

转入时间	首次计收益显示时间
周四15:00～周五15:00	下周二
周五15:00～下周一15:00	下周三
周一15:00～周二15:00	周四
周二15:00～周三15:00	周五
周三15:00～周四15:00	周六

由表4-1可以看出，存入余额宝的资金在第二个工作日由基金公司进行份额确认，对已确认的份额会开始计算收益。收益计入余额宝的账户资金内。用户可以在份额确认后的第二天15:00后查看收益。

注意：当日15:00后转入的资金会顺延一个工作日确认，双休日及国家法定假期，基金公司不进行份额确认。例如，周四15:00后转入的资金，基金公司下周一完成份额确认，用户周二可以查看收益。

由此可以得出结论，用户转入资金到余额宝中的最佳时间是周二、周三、周四的0∶00～15∶00，这个时间段转入的话，会在第二天确认并获得收益，第三天显示收益。而对于周一15∶00前转入余额宝的资金，基金公司会在周二确认份额，周三15∶00前将周二的收益发放到余额宝内，这样获得收益的时间就延迟了一天。而周四15∶00以后转入的资金，周一才能产生收益，获得收益的时间就延迟了两天。

最佳的资金转出时间同样以每天15∶00为界线，15∶00以后转出的资金会多算一天的收益。例如，用户在周一的15∶00以后转出了一笔收益为5元的资金，虽然资金已经转出，但这笔收益还是会在第二天发放到余额宝内。

除此之外，余额宝开通了自动转入功能，即用户可以在约定日期将一笔资金定时转入到余额宝内。然而，为了获取利益最大化，不建议用户使用该功能，这是因为自动转入功能会在凌晨自动执行，而这笔资金在两个工作日后才会有收益。

另外，用户在进行资金转出操作时，最好用手机支付宝钱包转账到银行卡，这种操作没有手续费。当然，在用户使用余额宝的过程中，还可能会发现更多的使用技巧，此处就不再一一列举。

4.15 小结

本章主要介绍了互联网理财的标志性产品——余额宝的相关内容。首先，本章就余额宝的诞生背景、本质、优缺点、风险和收益分析等内容做了详细介绍，便于用户从系统层面上了解余额宝产品的轮廓；其次，本章具体讲解了如何申请余额宝、使用余额宝的转入转出功能和查看余额宝收益的操作流程，让用户能够实地操作余额宝产品；最后，为方便用户通过移动互联网使用余额宝，本章详细介绍了如何通过手机操作余额宝，并就操作余额宝的一些技巧进行了简要说明。

第5章

微信理财通

受余额宝推出时的火爆影响，互联网公司支付宝和天弘基金的合作模式受到了广泛关注。于是，国内以BAT为首的各大互联网公司和基金公司纷纷展开合作，一大批互联网理财产品在短时间内诞生了。其中，由腾讯财付通、微信与华夏基金合作推出的一种货币基金类理财产品——微信理财通就是其中的典型代表。

BAT，即国内互联网三大巨头公司：百度、阿里巴巴、腾讯公司的简称。其中，B=百度；A=阿里巴巴；T=腾讯。BAT代表了国内互联网领域的发展前沿。

5.1
什么是微信理财通

　　微信理财通是一种由腾讯财付通与微信携手基金公司推出的理财增值服务，它是由腾讯公司旗下的第三方支付公司财付通负责运作，借助微信平台进行推广，面向所有微信用户。

　　微信理财通的诞生得益于余额宝创造的互联网金融奇迹。在经历了余额宝短短半年即突破1000亿元资金规模的冲击后，同为BAT之一的腾讯公司也于2014年1月15日在微信平台中悄然上线了理财通产品。微信理财通最初与华夏基金合作，后来的合作伙伴又增加了易方达、广发和汇添富三家基金公司。由于微信理财通的本质与余额宝相同，都是货币基金，因此也被称为"微信版"余额宝。

　　微信理财通推出之初，以余额宝为竞争对手，7日年化收益率高达7.4%，远超过余额宝的6.4%。这个举措吸引了众多用户将资金从余额宝移至微信理财通，仅10天后，微信理财通的资金规模就突破100亿元，一个季度后资金规模超过800亿元。截至2014年底，凭着6亿以上的微信用户，微信理财通的用户规模和资金规模都有大幅增长，其中资金规模超过千亿元，成为第二支超过千亿的互联网理财产品。

　　目前微信理财通对接的是华夏基金的"华夏财富宝货币基金"。因此，与普通的货币基金一样，微信理财通的申购赎回无须手续费，其收益也是每日结转、按日支付。然而，微信理财通目前只支持买入和赎回，暂不支持微信支付。这是其与余额宝不同的地方。

5.2 微信理财通与余额宝的对比

从5.1小节中可以看出，微信理财通与余额宝在很多方面都相似，本质也都是货币基金。那么用户在进行投资之前，如何选择这两者呢？当初用户把银行存款拿出来放在余额宝中，以获得高于银行活期利率10倍的收益，现在要不要考虑把余额宝的钱拿出来放在理财通？本节通过微信理财通和余额宝的对比，为用户提供相关帮助。

为方便用户查看，本小节将从微信理财通和余额宝的本质、门槛、收益和特色进行比较，具体内容如表5-1所示。

表5-1　微信理财通与余额宝的对比

对比	微信理财通	余额宝
本质	货币基金（华夏财富宝货币基金）	货币基金（天弘增利宝货币基金）
成立时间	2014-1-15	2013-6-13
门槛	0.01元	1元
快速赎回时间	7×24小时	7×24小时
申购赎回手续费	无	无
7日年化收益率	4.273%（2015年4月30日）	4.288%（2015年4月30日）
收益支付方式	日复利按日支付	日复利按日支付
特色	操作便捷	可支付消费

具体来看，微信理财通和余额宝的本质都是相同的，前者对接华夏基金，后者对接天弘基金。目前，得益于余额宝的快速发展，天弘基金的资产规模已经超过华夏基金，成为国内第一大基金公司。如果将两者的区别进行比较，可以划分为如下几个方面。

（1）所属公司和平台不同。微信理财通所属公司为腾讯，依托平台为微信，运营方为华夏基金；余额宝所属公司为阿里巴巴，依托平台为支付宝，运营方为天弘基金。

（2）操作平台不同。微信理财通只能通过移动平台中的微信进行操

作；余额宝支持移动端和计算机端两种操作平台。

（3）申购赎回渠道不同。微信理财通只能通过银行卡进行资金的转入和转出；余额宝则能通过支付宝和银行卡两种渠道进行资金的转入转出，同时支持随时支付和消费。

（4）转入流程不同。微信理财通和余额宝两款产品的转入流程都很简单，前者通过微信转入，后者通过支付宝客户端或支付宝钱包转入。

（5）转入转出额度不同。转入微信理财通的单笔限额为5万元，资金总账户金额不超过100万元；支付宝余额转入每日无限额，储蓄卡快捷支付单笔不超过5万元，每日不超过5万元（计算机端不超过5000元），每月不超过10万元，每个账户资金不超过100万元。事实上，转入转出额度与支持的银行有关，不同银行的转入转出限额也不同。

（6）到账时间不同。微信理财通支持中国工商银行、中国农业银行、中国建设银行等11家银行两小时到账，其他银行1～3天内到账；余额宝在手机端支持两小时到账，计算机端24小时到账。

此外，微信理财通与余额宝在收益上的差别并不大，因为7日年化收益率一直在变化，两者相比较互有高低。事实上，两者之间最重要的区别在于：余额宝内的资金可以直接用于消费和支付，而微信理财通内的资金不可以。不过微信作为当前使用频率最高的移动应用平台，使得微信理财通的操作便捷性更胜一筹。

5.3
微信理财通的收益分析

与余额宝较为稳健的收益情况不同，微信理财通的收益呈现多个大幅震荡的时间点。这是因为微信理财通对应的货币基金造成的。以2015年第一季度为例，微信理财通对应的易方达易理货币基金7日年化收益率最高为6.206%，最低仅为4.345%，相差142%；微信理财通对应的华夏财富宝货币基金两天的万份收益相差0.84元。图5-1为2014年7月～11月的微信理财通7

日年化收益分析图。

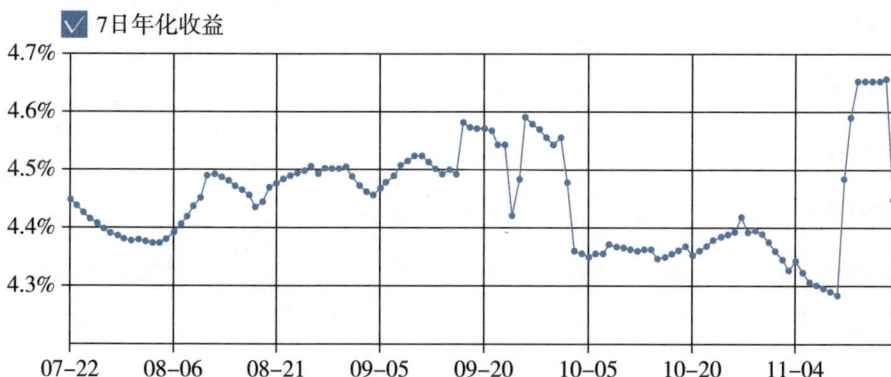

图5-1　微信理财通7日年化收益分析

从图5-1中可以看出，由于微信理财通对应的华夏基金财富宝、广发基金天天红、汇添富基金全额宝和易方达易理4种货币基金的收益率波动，导致微信理财通的7日年化收益出现较大的震荡。

而余额宝的收益显得更偏稳健，以2015年第一季度为例，其对应的天弘增利宝货币每日万份收益集中在1.15～1.31元这个区间，而且其7日年化收益率普遍低于5%，最近一个季度的7日年化收益率为4.025%~4.849%，波动幅度较小。

究其原因，是由于微信理财通与余额宝并不在一个量级上，因此前者的收益率更容易受到投资收益兑现的影响，而对接的货币基金规模越小，收益突然上升的可能性更大。余额宝收益上下波动幅度不大，一个方面是因为余额宝的盘子大，卖出一部分短期融资债券带来的收益并不会导致其明显的收益波动。此外，与余额宝的银行协议存款占比高直接相关。

微信理财通对应的货币基金的规模，与天弘增利宝货币远不是一个量级，但其债券投资则居于高位，导致其受收益波动较大。正因为如此，尽管微信理财通与余额宝的收益相差不大，但长期来看，微信理财通的整体收益还是要略高于余额宝的。图5-2为2014年第一季度两者的收益比较。

此外，随着2015年央行的降息导致利率走低，微信理财通和余额宝的年化收益率都在4%左右，相差并不大。而客户也无需仅关注7日年化收益率，即使其短期内冲到很高，也会很快回落。

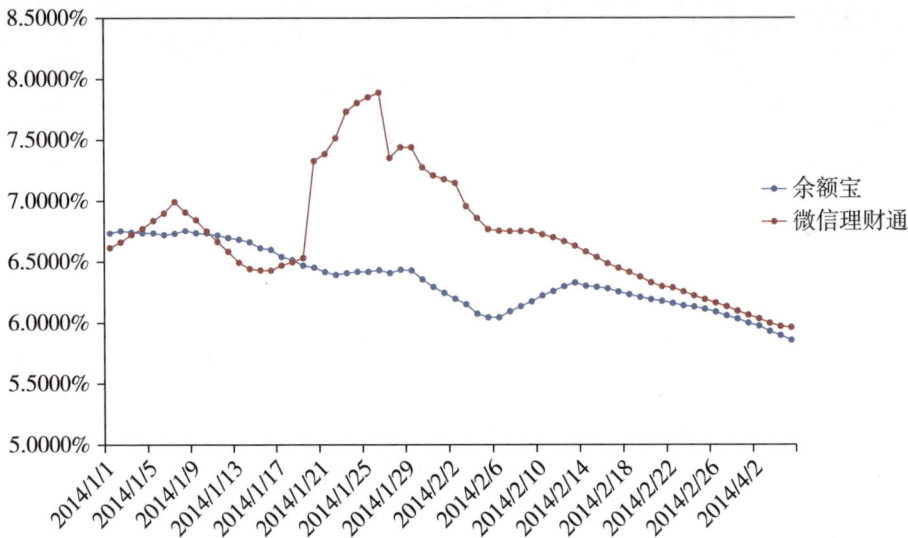

图5-2　微信理财通与余额宝的收益比较

注意：7日年化收益率并不能反映货币基金的真实情况，每万份产品净收益或者万份收益总值是一个更直观、准确的指标。此外，节假日期间的万份收益不存在提前兑现收益的情况，更能体现货币基金当前持有资产的真实回报。

5.4
如何下载微信理财通

通过对以上内容的了解，用户如果想使用微信理财通来让自己的闲散资金获得收益，首先必须在手机下载该产品。需要注意的是，微信理财通只是微信应用的一个功能。下面操作为用户演示如何下载微信并打开微信理财通的功能。

微信可以通过手机、计算机和短信三种方式下载。通过计算机端下载微信很简单，在浏览器中输入地址：http://weixin.qq.com，即可打开微信的主页，然后选择适合自己手机的操作系统的版本进行下载，如图5-3所示。

图5-3　计算机端下载微信

　　通过短信下载微信是腾讯公司提供的另外一种方式，根据用户手机卡运营商的不同，发送不同的号码即可完成下载，如表5-2所示。

表5-2　短信下载微信

运营商	信息内容	发送至	备注
移动	wx	10657558023309	稍后手机将收到短信，点击短信中的链接即可下载。
联通		1069070089	
电信（CDMA）		1069070089	

　　更多的用户会通过手机来下载。与余额宝对应的支付宝钱包APP类似，微信针对Android系统和IOS系统开发了不同的版本，用户需要根据自己手机的操作系统进行选择安装。以苹果手机的IOS系统为例，其下载过程与支付宝钱包APP类似。

　　打开IOS主界面的APP Store应用，随后点击【搜索】命令，在搜索栏中输入"微信"字样，并点击找到的应用，点击下载图标即可，如图5-4所示。

　　不论用户使用何种方式下载微信，都可以在手机上完成安装。此外，微信针对不同的用户群体，还推出了微信的计算机版和网页版，方便用户选择。

图5-4　手机下载微信

5.5
申请微信理财通账号

　　由于微信理财通只是微信中的一个功能，因此微信理财通的账号也就是微信的账号，用户可以通过注册微信来申请微信理财通的账号。目前，用户可以通过QQ号、邮箱账号和手机号码三种方式来注册微信账号，其操作步骤如下所示。

　　（1）在手机终端上打开微信应用，如果用户在该手机上是第一次运行微信应用，微信将弹出如图5-5所示的界面，供用户选择登录或是申请新账号。

（2）在图5-5中点击【注册】命令，微信应用将弹出账号申请页面供用户操作。一般来说，建议用户使用手机号申请微信账号，这样就能与本机进行绑定。图5-6所示为通过手机号申请微信的界面。

图5-5　微信运行主界面

图5-6　通过手机号申请微信账号

注意： 用户也可以在图5-6中点击【直接用QQ号登录】，通过QQ号直接登录微信能够共享QQ好友的信息，因为微信和QQ都是同属腾讯旗下的产品。

（3）点击图5-6中的【下一步】命令，按照微信应用的注册向导逐步完成账号的申请即可。完成账号申请后，用户可以打开微信的登录界面，并在其中输入QQ号、微信号或手机号作为登录账号，并输入密码进行登录，如图5-7所示。

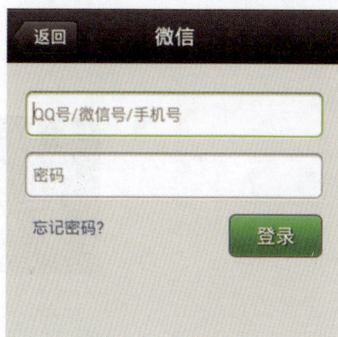

图5-7　登录微信

由于微信理财通的账号与微信的账号相同，因此用户完成了微信号的注册也同时获得了微信理财通的账号。对于需要使用微信理财通的普通用户来说，建议大家使用手机号来注册微信，因为这样可以通过手机短信验证码来保障账号安全。

5.6
存入资金到微信理财通

当用户成功注册微信账号后，就可以在手机上登录微信，并进入微信理财通进行理财了。用户想要从微信理财通中获取收益，就必须先存入资金到理财通。本节将为用户演示如何将资金存入微信理财通。

事实上，将资金存入到微信理财通的实质是购买其对接的4种基金。与余额宝只对接天弘基金不同的是，微信理财通会要求用户选择购买南方基金、易方达、华夏和汇添富4家基金公司的其中一种，具体操作步骤如下所示。

（1）在手机终端上登录微信应用并登录，在微信主界面点击菜单的【我】，进入微信个人中心，如图5-8所示。

（2）点击图5-8中的【钱包】选项后，进入微信【我的钱包】主界面，该功能支持微信转账、支付、微信红包等，同时也包括理财通，如图5-9所示。

图5-8　进入微信个人中心　　　　图5-9　我的钱包主界面

（3）点击图5-9中的"我的钱包"界面下的【理财通】，即可进入理财通界面，通过该界面可以查看用户自己购买的基金数额及收益情况，如图5-10所示。

（4）点击图5-10中左下方的【我要理财】命令，进入【我要理财】界面，在该界面下可以查看各个理财产品的收益率，如图5-11所示。

图5-10 理财通主界面

图5-11 各理财产品收益率

在图5-11中的理财产品收益率中，微信理财通列出了可购买的理财产品和对接的4种货币基金技巧收益率。用户可以自行选择需要购买的产品，点击后进入该理财产品的购买界面。例如，此处选择"华夏基金财富宝"产品后，理财通会显示该产品的购买须知，用户查看后点击【存入】命令，即可进入买入界面，如图5-12所示。

如图5-12所示，输入购买金额后点击【立即买入】命令，并输入用户自己设定的微信支付密码，如果密码正确即可将微信关联银行卡里的钱转存到微信理财通中。

注意：如果用户在操作前已将微信绑定了银行卡，进入以上界面存入资金操作即可；如果用户没有绑定银行卡，微信理财通会提醒用户先添加银行卡。

（5）当用户输入正确的微信支付密码后，即可完成以上存入操作，将关联银行卡内的资金转存到微信理财通中。此时微信理财通会弹出存入成功的页面，供用户确认，同时微信系统也会向用户发送一条存入成功的消息记录，如图5-13所示。

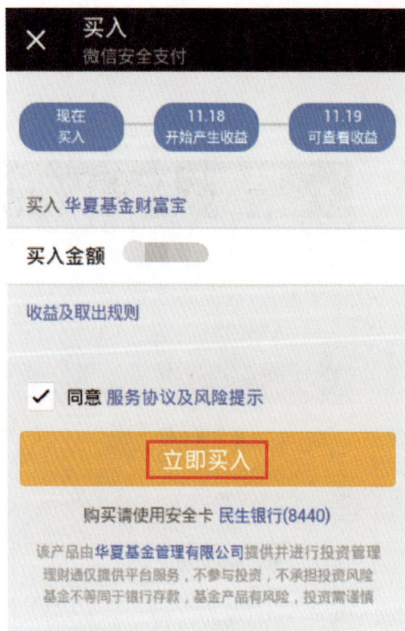

图5-12 确认存入金额

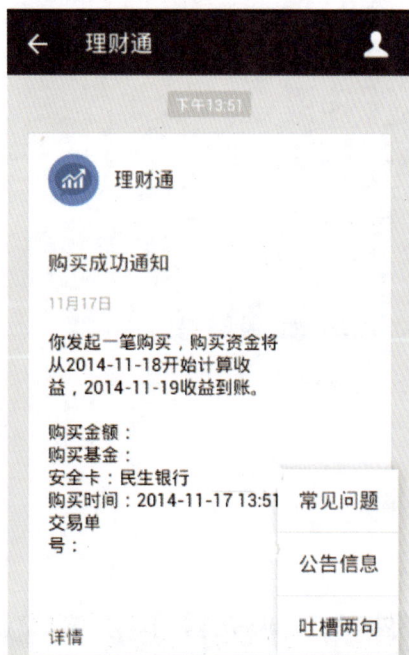

图5-13 存入确认消息

至此，将资金存入到微信理财通中的操作即完成了。

注意：随着中国工商银行、中国农业银行、中国建设银行调整快捷支付转入的额度限制，用户将银行卡上的资金转入到微信理财通中就有了资金限额。以中国工商银行为例，单笔存入微信理财通的资金不超过一万元，单日和单月不超过5万元。

5.7 从微信理财通提取资金

当用户需要将微信理财通中的资金提取出来时，就需要使用到理财通的资金转出功能。与余额宝的转出操作不同的是，目前微信理财通中的资金只能转出到银行卡上，暂不支持转出到理财通余额，相信不久之后微信理财通将实现该功能。

一般来说，从微信理财通中提取资金可以分为普通提现和快速提现，其中快速提现能够实现实时到账。本节通过如下步骤演示如何提取微信理财通中的资金。

（1）登录微信后选择进入"理财通"，点击【我的资产】，在该界面下可以查看用户购买的各个理财产品。此处购买的货币基金为易方达基金的易理财产品，现有资产为100.28元，如图5-14所示。

（2）点击该产品即可查看该产品的最近7日年化收益率、万份收益和用户的昨日收益等信息，用户点击界面中的【取出】命令即可进入资金提取界面。其中，默认到账时间为普通取出。此处点击箭头可选择快速取出，实现当天到账并直接转到银行卡上，如图5-15所示。

图5-14　现有资产　　　　　　　图5-15　提取资金

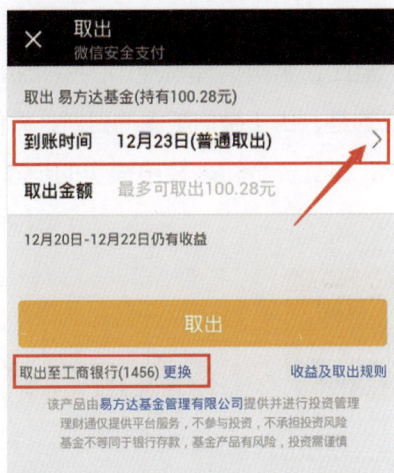

注意：微信理财通对接的各基金公司的提取限额有所不同，以易方达基金为例，用户选择快速提取能够实现当天到账，但是快速提取的单次限额为两万元，每日限提现三次。

（3）用户确认提取金额和银行卡号后，点击图5-15中的【取出】命令，为保障资产安全，微信理财通将发送验证码到用户绑定的手机号上，用户收到该验证码后，在图5-16的验证界面输入，再点击【确认取出】命令即可。

（4）当用户输入了正确的验证码后，资金将被提取到银行卡。同时，微信理财通将显示提取成功的页面和预计到账时间，以供用户查看，如图5-17所示。

图5-16　短信验证　　　　　　　　　图5-17　提现成功信息

至此，将微信理财通中的资金提现到银行卡的操作就已经完成了。需要注意的是，由于微信版本的更新，微信理财通中的部分功能模块位置可能发生变化，但其资金转入转出操作的步骤基本不变，用户可自行熟悉新的版本。

5.8
查看微信理财通资金的收益

与余额宝类似，用户将资金存入微信理财通，主要是看中了理财通的高收益。那如何查看微信理财通中的收益及其明细，便于用户详细了解呢？本节将为读者具体介绍。

首先，通过手机登录微信应用，并点击下方菜单栏里的【我】，进入微信个人界面，再点击该界面下的【钱包】命令，进入理财通界面，用户在该界面下可以查看用户资产、累计收益和昨日收益等信息。进入【我的资产】界面，用户即可查看交易明细和收益明细，如图5-18所示。

点击图5-18中的【收益明细】命令，即可查看近期微信理财通内资金的详细收益情况。一般来说，收益明细的列表按照日期倒序呈现，如图5-19所示。

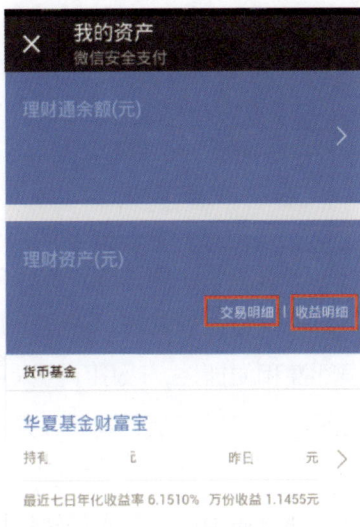

图5-18　我的资产界面

除此之外，用户还可以根据月份选择查看某个月的收益明细，例如选择查看2014年11月的收益，在图5-20中点击该月份，即可查看该月份的收益明细。

图5-19　近期收益

图5-20　选择查看月份

注意：由于微信理财通对接了4种基金，根据用户购买的基金类别不同，用户资金的收益会有所差别，这是与余额宝不同的地方。同样的，7日年化收益率并不能代表最终收益，这是用户在选择微信理财通中的产品时需要注意的。

5.9 小结

　　本章主要介绍了除余额宝外的另一种资金规模超过千亿元的互联网理财产品——微信理财通。微信理财通借助腾讯旗下的微信平台，凭借其出色的灵活性和便捷性，吸引了广大用户的目光。本章首先简单介绍了微信理财通也是一种货币基金的本质，并将其与余额宝进行了对比，同时分析了微信理财通的收益；其次重点讲解了微信理财通的下载、账号申请，以及如何将资金从理财通中进行存入和转出操作；最后就微信理财通的收益查看操作进行了简要说明。由于微信理财通与余额宝的本质相同，其优缺点和风险大致相同，读者可参照第4章余额宝的相关章节进行了解。

第6章

百度理财

在阿里巴巴和腾讯公司都进入了互联网理财的领域后，同属BAT巨头的百度也先后推出了百度百发、百度百赚等互联网理财产品。此外，百度公司为推广理财计划，成立了百度金融中心，在综合百度已有资源的基础上，与金融机构展开平等合作，重塑传统金融产品的设计、包装、销售、服务各个环节，为用户提供创新性的金融产品。

6.1 什么是百度理财

百度理财是百度公司于2013年10月28日上线的一个理财平台，称为"百度理财平台"，是百度钱包旗下专业化理财平台，提供投资、贷款、消费金融、互动金融等各类金融服务，全面满足个人及家庭投资、借贷、消费等金融需求。2014年4月23日，百度理财平台升级为百度金融中心。

百度金融中心与各金融机构共同定制了具有高吸引力的金融产品，截至目前，百度金融中心推出的产品有百度理财B、百发、百赚、百赚利滚利版、百赚180天、百赚365天、百发100指数、百发100指数基金、消费金融/百发有戏、中证500ETF联接基金、沪深300ETF联接基金等。其中，百度理财的主要产品是"百度百发"和"百度百赚"两款。

"百度百发"是百度金融中心推出的首项理财计划，本着助百姓发财的目标，降低广大用户从传统金融向互联网金融迁移的门槛。事实上，百度百发也是一款货币基金，由百度金融中心、华夏基金联合推出，最初年化收益率为8%，采取限量发售的方式，销售额度为10亿元，由中国投资担保有限公司全程担保。与余额宝类似，百度百发的最低投资门槛为1元，同时支持快速赎回，即时提现，方便用户资金流入流出。

百度百发并不是一个单一的基金类产品，而是一个组合形式的理财计划。百度百发计划一经推出，立即得到了广大用户的青睐，当天销售4小时后即完成10亿元的额度。目前，百度百发计划已售罄，转而推出的是百度百赚产品。

百度百赚是百度公司于2013年10月31日推出的一款基金类理财产品。与百度百发计划类似，百度百赚也是依托华夏基金的货币基金。然而，与百度百发不同的是，百度百赚产品说明中只提到预期年化收益率超过4.2%。与百发相比，百赚的预期收益率降低了将近一半，已经回归到投资货币基金的本质，这也使得百赚的特性跟余额宝相差无几，对投资者的吸引力也降低了不少。

6.2 百度理财的本质

在互联网理财市场经历了阿里巴巴的余额宝和腾讯的微信理财通的火爆之后，金融行业迎来新生力量——百度理财。百度理财给互联网带来了巨大冲击。虽然百度理财推出的百发、百赚等货币基金类产品与余额宝和理财通类似，但以百度为代表的互联网企业对金融行业带来的实质影响是理念、技术和渠道等多方面的创新，将推动传统金融企业的自我升级，为企业自身和广大投资者带来更多的互联网红利。

百度理财产品的本质也是货币基金。其中，百度百发这款产品是华夏基金的货币基金——003003。自2013年10月28日起，百度百发作为华夏现金增利证券投资基金的E类基金份额类别而出现，这类基金份额通过本基金管理人指定的电子交易平台办理申购、赎回等业务。

同样的，百度百赚也是百度和华夏基金合作推出的一款理财产品（华夏现金增利E类），该产品主要投资于期限在一年以内的国债、央行票据、银行存单等安全性较高、收益稳定的金融工具，不投资股票等风险市场，与股市无直接联系，所以风险较低。

华夏现金增利是场内运作市场最长，收益表现最好的货币型基金之一。该基金成立于2004年4月，至今已运作10余年，自成立至今未出现过负收益，收益为3.5%~5%。而百度百发作为华夏现金增利基金，宣称的8%年化收益率又从何而来呢？

事实上，百度公司为了在互联网理财市场上占据一席之地，甚至超越微信理财通和余额宝，通过贷款补贴用户的方式来实现百度百发的8%高收益率。例如，用户投入一元购买百度百发，相应地百度补贴一元，最终用户花一元钱获得两元钱的收益。目前一元钱年化4%的收益是完全可能做到，而百度百发的收益则是"4%+4%"，从而得到8%的收益。

因此，可以说百度百发计划只是百度的一场营销活动，为了节省成本，百度公司补贴给用户的资金并非百度自己的，而是由贷款公司提供的。更重要的一点是百度百发的8％的收益保证只限两个月，而且总额控制在10亿元以内。

6.3 百度理财的风险

　　用户可以通过购买百度金融中心的几款理财产品进入互联网理财市场，但只要是理财产品都存在风险。百度理财的风险主要包括以下几个方面。

　　（1）同业竞争大的风险。淘宝的余额宝、腾讯的理财通等都是百度理财强有力的竞争者，而且它们都比百度理财推出的早，也都在各自领域有自己的优势。例如，余额宝的优势在于多样的进入门槛和消费渠道，理财通的优势在于灵活的微信APP客户端。

　　（2）网络安全方面的风险。由于百度理财资金的转入转出都是通过网络进行，因此也就避免不了网络安全问题。计算机系统的安全、网络的安全都将对资金安全造成威胁。同时，网络安全支付方面也存在漏洞。如果是被黑客利用，百度理财的资金将存在巨大风险。

　　（3）基金投资方面的风险。百度理财产品是和华夏基金管理有限公司合作推出的货币型基金，百度理财虽然主要投资在期限在一年以内的国债、央行票据、银行存单等安全性相对较高、收益相对较稳定的产品，但是作为基金，肯定是有风险的，基金也存在亏损的可能。

　　（4）监管层方面的风险。在百度百发计划未推出之前，百度公司的宣传称年化收益可以达到8％，后来监管部门要求百度公司对百发的合规性予以核查，百度金融中心只能改为"不保证百发产品收益率可以实现8％"，也没有承诺保本保收益。这说明百度理财产品还存在监管层的风险。

　　（5）百度管理平台软件的风险。即使计算机操作系统不存在安全隐患，作为管理基金的软件同样也会有安全漏洞补丁风险。例如，在2013年10月28日百度百发正式推出时，百度服务器就发生了宕机，导致不能访问。以后投资购买百度理财产品的用户增多时，可能还会出现类似更多的风险。

当然，任何一种投资理财都有风险。对于用户来说，需要考虑的是多大的风险是可以接受的，在能接受风险范围内，选择收益最高的。百度理财产品有货币基金债基和保险来降低其风险。此外，除了考虑风险，资金的流动性也是用户必须考虑的。总的来说，百度理财产品的风险在可控范围内。

6.4
百度理财的优势

同为互联网企业BAT三大巨头之一的百度公司涉足互联网理财市场，必然要具备相当大的优势才能吸引用户。而面对余额宝和微信理财通相对成熟的市场，百度理财的优势主要体现在如下几方面。

（1）平台的优势。百度理财最大的优势是百度平台的优势。百度是我国最大的一个搜索平台，实力雄厚。在这样的背景下，百度理财自然就得天独厚。

（2）资金方面的优势。由于得到了很充分的注资，百度理财的整体资金实力雄厚，而且百度百发计划对各类投资基金来说，经营方式是最优越的。

（3）人力资源方面的优势。百度本身就拥有强大的数据团队，同时也有很强的实力，现在百度理财的人力资源投资继续增加，值得投资者关注。

（4）回报率的优势。百度理财的回报率很高，其理财产品回报率是目前最高的一个理财品种。在汇总大部分理财产品之后，用户可以看到百度的理财要高出很多。一般来说回报率高是最大的优势。

以百度百发为例，由百度金融中心、华夏基金联合推出，由百度的第三方支付平台"百付宝"运作，年化收益率高达8%，用户通过注册百付宝买入，每天可在账户内看到收益显示，赎回本金及收益可于第二个工作日到账。而购买百度百发的钱，则可以随时提现。

也就是说，百度百发就是打造了一个收益率可以达到8%的"类余额宝"。如此高的收益率不仅是目前正在运作的余额宝，以及货币市场基金收益率的近两倍，也让市面上所有的债券基金黯然失色。

（5）信息量的优势。百度一直是信息总量最大的一个平台，尤其是百度的大数据十分有实力，这点足以说明百度理财的趋势将很好。

此外，百度理财也拥有互联网理财产品的其他特点，如进入门槛低、收益高和赎回容易，这些是传统理财产品所不能比拟的。

6.5 存入资金到百度理财

以百度百赚理财产品为例，购买该产品也就是把资金存入到百赚中，存入资金的过程也就是购买的过程，具体操作步骤如下。

（1）进入百度理财页面：http://8.baidu.com/，用户也可以百度搜索"百度理财"或者"百度百赚"，然后打开百度金融官网，打开后如图6-1所示。

图6-1　百度金融主页

注意：与其他互联网理财产品类似，用户在购买百度理财产品之前必须绑定好对应的交易银行卡。

（2）在百度金融官网点击右上角的【登录我的小金库】命令，打开登

录百度账号对话框，然后输入用户名和密码，点击【登录】命令即可，如图6-2所示。

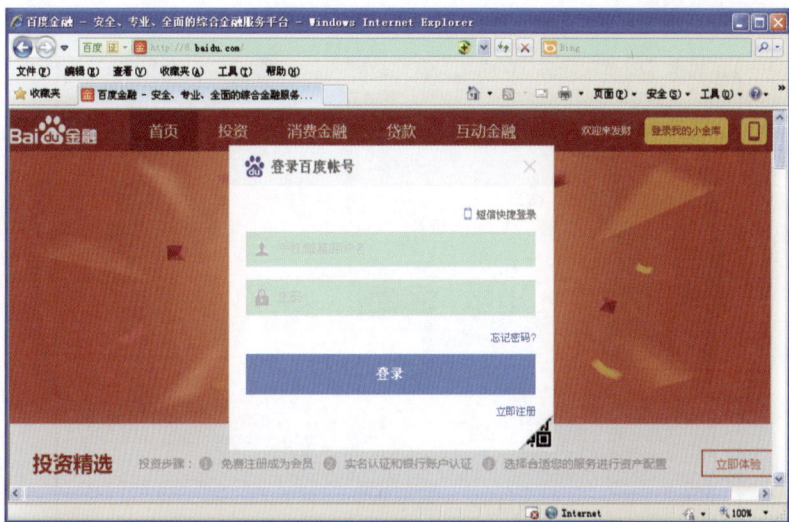

图6-2　登录百度理财平台

如果用户还没有百度金融的账号，可以点击右上角的【登录我的小金库】|【注册】命令来注册一个百度账号，打开的页面如图6-3所示。

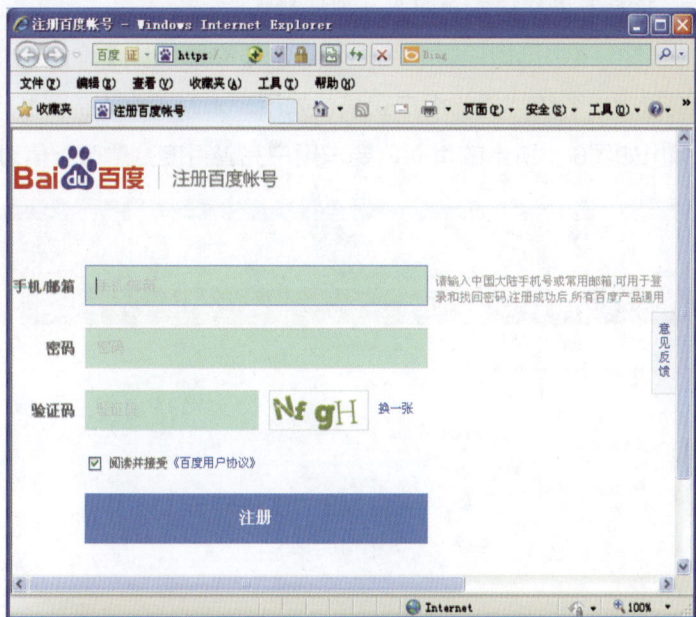

图6-3　注册百度账号

（3）登录百度理财平台后，用户就可以开始购买理财产品了。由于百度百发计划已经售罄，目前只能投资百度百赚产品。因此，用户在登录后，可以找到百赚的页面，然后点击【立即投钱】命令，就可以把钱从银行卡转到百度理财，如图6-4所示。

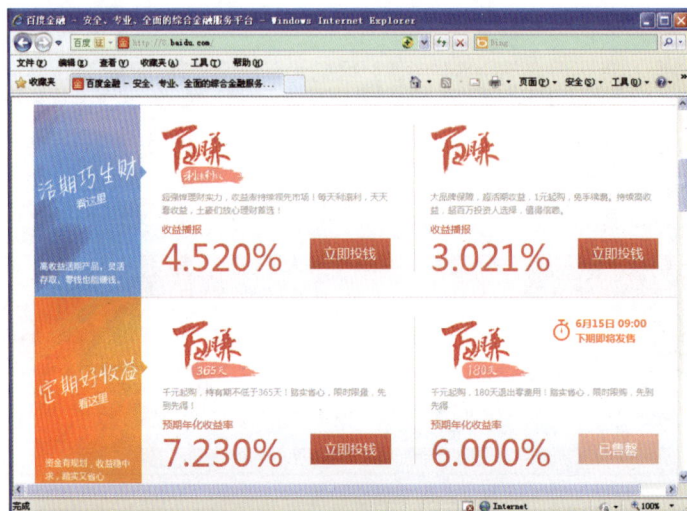

图6-4　选择理财产品

注意： 百度百赚产品分为许多种类别，如百赚利滚利、百赚365天、百赚180天等，根据其运作模式和购买日期区别收益。

（4）在图6-4中选择理财产品后，点击【立即投钱】命令，如选择百度百赚利滚利后，系统将提示用户登录，如用户未完善个人信息和绑定银行卡，则会弹出如图6-5所示的页面，要求用户完善百度金融服务信息。

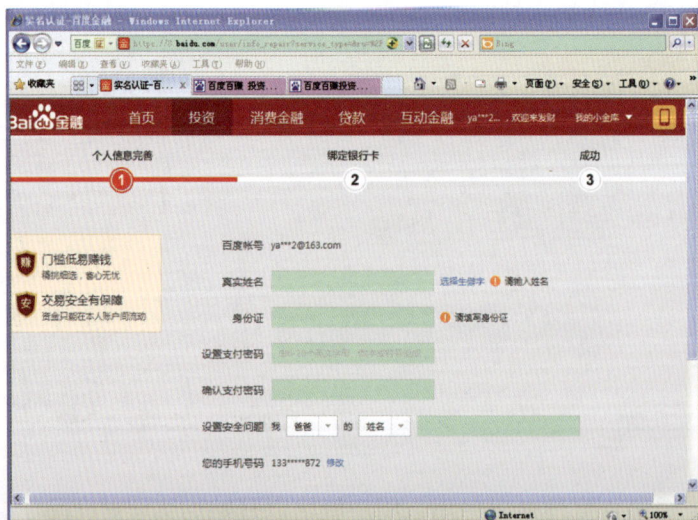

图6-5　完善金融服务信息

（5）完善百度金融个人信息后，用户就可以正式投资百度理财产品了。当用户选择百度百赚利滚利产品后，系统将提示用户输入购买金额、银行卡信息和支付密码，如图6-6所示。

（6）如图6-6填入购买信息后，点击【下一步】命令，系统将弹出如图6-7所示的对话框，要求用户确认购买产品、金额和银行卡信息，用户确认无误后点击【一键投钱】命令即可完成操作。

图6-6 填入购买信息

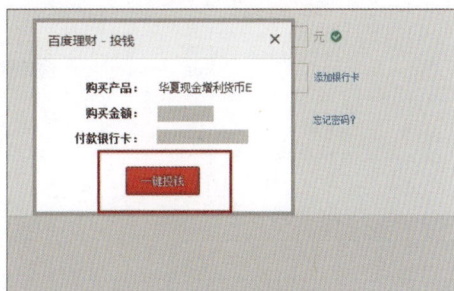

图6-7 确认投资

注意：这里关于中间具体转账的页面我们就跳过，选择的银行不同，那么操作也略有差异，请根据实际银行卡进行操作，最后投钱时会弹出交易是否成功的提示框，如"交易状态"为"成功"，则表示钱成功地从银行卡转入百度百赚理财产品中，也表示用户已经成功购买百度百赚理财产品。

6.6 从百度理财中提取资金

纵观互联网理财市场，百度百赚利滚利版的收益并不是最高的。于是，很多用户就想把购买百度百赚理财产品的钱提取出来，去购买收益更高的理财产品，那么如何把钱从百度理财提取出来呢？

与余额宝和微信理财通等宝宝类理财产品类似，从百度理财产品中提取资金的操作非常简单。以从百度百赚利滚利产品提取资金为例，通过如下几个步骤即可完成。

（1）打开"百度金融"网页http://8.baidu.com后，点击右上角的
【我的小金库】命令，输入用户名和密码登录后，即可打开百度理财平台的
个人信息页面，该页面包含了用户的资产、今日收益等内容，如图6-8所示。

图6-8　平台个人页面

（2）在图6-8所示的个人页面中点击【我要收钱】命令，会弹出百度
百赚利滚利产品的提取资金页面，如图6-9所示。

图6-9　提取资金

（3）在图6-9的提取资金页面中输入需要提取的资金金额，并输入
支付密码，再点击【下一步】命令，平台将弹出信息要求用户确认，如图
6-10所示。

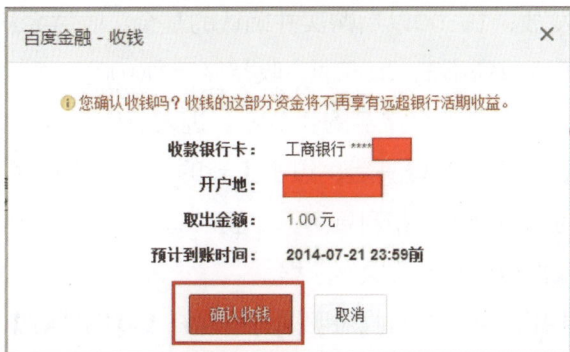

图6-10　确认信息

（4）点击图6-10中【确认收钱】命令后，如用户的百度百赚利滚利中有足够余额，系统将会提取相应金额到用户填入的银行卡中，并在约定时间到账，如图6-11所示。

至此，用户从百度百赚理财产品中提取资金到银行卡中的操作就已经完成了。提取操作完成后，用户可以点击【我的小金库】命令来查询当前产品的余额。

图6-11　提取成功

6.7
查看百度理财产品的收益

投资最关心的就是收益。由于百度理财产品的本质是货币基金，按照基金业惯例，工作日15：00以前买入并成功确认的理财产品，收益将会从第三个工作日开始发放；15:00以后购买并确认的基金，收益会从第4个工作日开始发放。当个人收益小于0.01元时，收益显示为0.00。

那么如何查看百度理财产品的收益呢？进入百度金融网页（http://8.baidu.com），在右上角登录后，点击【我的小金库】命令，在【我的理财】目录下就可以看到本金和利息了。一般来说，用户投资几天后才能看到收益，这需要根据货币基金的操作流程。

此外，如果用户需要查看收益明细，可以在【我的理财】目录下的资产后点击【查看明细】命令，其操作与余额宝等产品都类似。

6.8 手机登录百度理财

与余额宝类似，百度理财产品除了可以通过计算机端进行购买和提取操作外，用户也可以通过移动终端（如手机）来操作。但是，要用手机操作百度理财，首先必须下载百度理财客户端并登录。本节将介绍两种下载方式及登录操作。

第一种下载百度理财客户端的方式是通过网页下载。用户在进入并登录百度金融官网（http://8.baidu.com）后点击【我的小金库】命令，进入个人信息平台，可以看到页面的右边会有一个安卓版的APP下载，用户可以选择直接下载到手机中，也可以直接扫二维码下载，如图6-12所示。

第二种方式是通过手机的应用商店来下载。用户可以登录应用商店，如苹果APP商店、百度手机助手、91助手等进行下载。在搜索框中输入百度理财，

图6-12　APP下载链接

从零开始学互联网理财

找到相应APP即可下载。

无论用户用哪种方式下载百度理财APP，下载完成后都可以安装该APP，成功安装百度理财APP之后的界面如图6-13所示。

在手机上成功安装了百度理财APP客户端之后，用户就可以点击该图标，打开百度理财APP，输入百度理财的账号和密码登录，如图6-14所示。

图6-13 手机安装百度理财APP后　　　　图6-14 手机登录百度理财

注意：与计算机端的操作相同，如果用户没有百度理财账号，在手机上操作百度理财之前，必须先注册百度理财账号。

6.9
手机操作百度理财

当用户在手机客户端下载并安装了百度理财APP后，就可以通过手机来进行百度理财产品的购买和提取了。与计算机端相同，手机操作百度理财产品主要也包括购买、提现和查看收益等。

当用户登录了百度理财的账号后，用户首先可以在APP客户端看到百度理财为用户推荐的理财产品"百赚利滚利版"，其7日年化收益率在5%以上，是同期银行活期利率的15倍，如图6-15所示。

如果用户需要购买图6-15中的"百赚利滚利版"产品，只需直接点击该产品的【我要赚钱】命令，并按提示进行操作即可。但是，如果用户想了解百度理财的其他产品，需要在图6-15中点击【产品列表】选项，如图6-16所示。

图6-15　手机APP登录后首页　　图6-16　查看百度理财产品列表

从图6-16中可以看出，百赚利滚利版的年化收益率稍高。用户选择了一款产品后，可以看到该产品的详细年化收益率信息，如图6-17所示。

用户选择好产品后，点击【我要赚钱】命令即可开始购买流程。如果用户注册百度账号时还未绑定银行卡，那么APP客户端会提醒用户先绑定银行卡，如图6-18所示。

图6-17　查看"百赚"产品的信息

图6-18　提示信息

如果用户已经绑定了银行卡，则点击图6-17中的【我要赚钱】命令就可以打开购买页面，如图6-19所示。

在图6-19中输入购买理财产品的金额，输入支付密码后，点击【确认支付】命令即可完成购买操作。当然，为确保用户输入的准确性，百度理财APP会提示用户确认购买的金额，用户确认无误后即购买成功，百度理财APP将弹出购买成功信息，如图6-20所示。

图6-19　手机APP购买页面

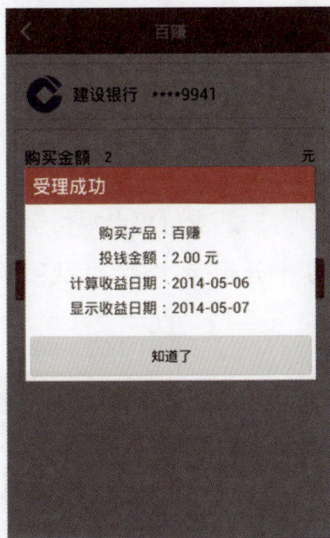

图6-20　手机APP购买成功

至此，通过手机APP客户端购买百度理财产品的操作就完成了。手机提现和查询收益等操作也都可以在百度理财APP中找到。除此之外，百度理财APP客户端还提供许多功能，如支付安全检测、手势密码等安全功能和帮助中心、客服热线等辅助功能，如图6-21所示。

注意：由于百度理财APP版本在不断地更新，以适应用户最新的需求。本小节介绍的APP客户端操作与用户实际操作可能略有不同，但整体框架是相同的，用户在使用新版本的客户端时可自行查看。

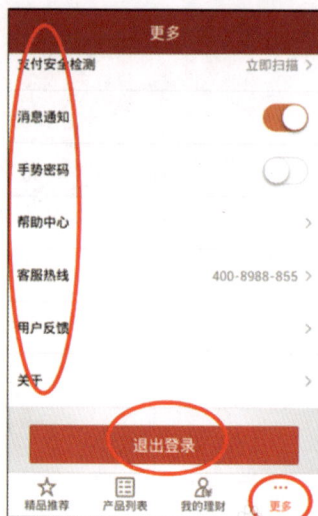

图6-21　手机APP购买成功

6.10
其他理财产品——苏宁零钱宝

前面章节具体介绍了国内BAT公司推出的主要互联网理财产品，其中第4章详细介绍了余额宝，第5章介绍了微信理财通，本章前面几小节具体介绍了百度理财产品。除此之外，国内许多互联网企业也相继推出了各自的理财产品。

零钱宝是当前国内的零售业巨头公司苏宁（SUNING）推出的一款理财产品，该产品于2014年1月15日由苏宁云商上线，将基金公司的基金直销系统内置到苏宁的支付平台易付宝中，为用户完成基金开户、购买等一站式服务，提供一元起存、零手续费和稳健资金收益的理财方式。

图6-22　苏宁零钱宝

苏宁零钱宝用户可直接使用"苏宁零钱宝"资金在苏宁易购购物支付、

缴费、充话费、还信用卡，进行理财、增值以及日常消费，这与淘宝的余额宝类似。苏宁零钱宝特点主要表现在如下几个方面。

（1）操作简单，使用灵活。苏宁零钱宝内的资金可随用随取，既可用于网上购物、充值缴费、转账和信用卡还款等，也可以转到易付宝账户或银行卡。

（2）全程监管，安全保障。由银行对苏宁零钱宝资金实行全程监管，确保资金安全，同时由支付平台易付宝提供全方位的安全保障体系。

（3）创新优势，更多选择。苏宁零钱宝精选国内实力顶尖的基金公司，资产管理能力更强，有多只货币基金可供自由选择，打破同类产品选择单一的缺点，充分保障用户权益。

苏宁零钱宝与国内两家资产管理能力排名较前的基金公司——广发基金和汇添富基金公司合作。用户可以在购买苏宁零钱宝理财产品时选择需要对接的基金产品，然后输入转入金额即可，如图6-23所示。

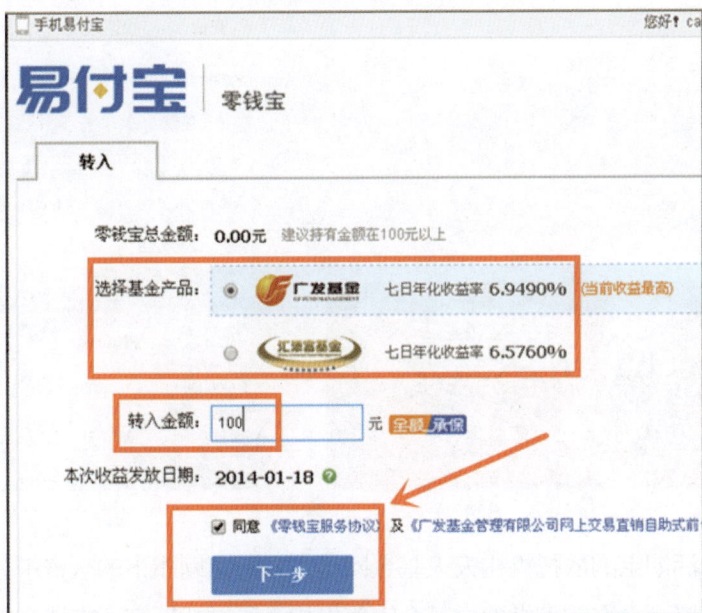

图6-23　购买苏宁零钱宝

注意： 用户在将金额转入苏宁零钱宝之前必须先进行认证，并绑定银行卡，苏宁零钱宝将在15分钟内完成用户的实名认证。

6.11 其他理财产品——天天活期宝

活期宝，即天天现金宝，是天天基金网推出的一款针对优选货币基金的理财产品。活期宝内的资金收益最高可达活期存款10余倍，远超过一年定存，并可享受7 × 24小时快速取现、实时到账的服务。

此外，活期宝由民生银行保障交易资金安全，投资者不用担心资金问题。用户可以通过活期宝手机客户端来进行购买和提现，操作简单易学，如图6-25所示。

图6-24　天天活期宝

6.25　天天活期宝手机客户端

由于活期宝的依托机构天天基金网是东方财富网旗下的全资子公司，同时也是证监会批准的首批独立基金销售机构，所以活期宝还支持全部基金的买入和卖出基金回到活期宝，这是活期宝的优势之一。

6.12
其他理财产品——汇添富现金宝

现金宝的概念在国内最早由汇添富基金提出。现金宝经过几年的发展，已经由单一的货币基金账户逐渐向智能理财账户发展。汇添富现金宝账户目前除具备货币基金的属性之外，还可用于购买基金、做定投自动扣款。

汇添富现金宝账户和汇添富基金公司货币基金相关联，向现金宝账户充值等同于购买对应公司货币基金，因此带有货币基金的高安全性、高流动性、稳定收益性，具有"准储蓄"的特征。2011年10月26日汇添富基金联手中信银行推出了中信汇添富现金宝联名信用卡，这是全国首张现金增值CTE信用卡。现金宝联名信用卡既可以获取收益，方便还款，还可获得双重积分，如图6-26所示。

图6-26　汇添富现金宝

汇添富现金宝背后对接的是汇添富现金宝货币基金，其主要特点在于以下四方面。

（1）产品本金安全。向现金宝账户充值等同于购买货币基金。货币基金主要投资于短期货币工具（一般期限在一年以内，平均期限120天），如国债、央行票据、商业票据、银行定期存单、政府短期债券、企业债券（信用等级较高）、同业存款等短期有价证券，其投资品种决定了其在各类基金中投资风险最低，保证了本金的安全。

（2）收益率较高。现金宝账户具备货币市场基金的收益率。其年净收益率一般可和一年定存利率相比，远高于同期银行活期储蓄的收益水平。不仅如此，现金宝账户还可以避免隐性损失。当出现通货膨胀时，实际利率可能很低甚至为负值，现金宝账户可以及时把握利率变化及通胀趋势，获取稳定的较高收益。

（3）投资成本低。现金宝账户充值没有任何费用，资金进出非常方便，既降低了投资成本，又保证了流动性，首次认/申购为1000元，再次购买以百元为单位递增。一般现金宝账户的资金还可以购买对应基金公司的其他开放式基金，高效灵活、成本低。汇添富基金的现金宝账户购买其他基金费率低至四折。

（4）分红免税。现金宝收益与货币基金收益一样，收益天天计算，每日都有利息收入，投资者享受的是复利，而银行存款只是单利。每月分红结转为基金份额，投资者分红免收所得税。股市好的时候可以购买股票型基金，债市好的时候可以购买债券型基金，当股市、债市都没有很好机会的时候，直接享受货币基金的安全性与收益性。总而言之投资者通过现金宝账户可以及时把握股市、债市和货币市场的各种机会。

汇添富现金宝不仅仅是一种单一的互联网理财产品，更是一个职能理财账户，用户通过现金宝可以进行多项理财操作，如图6-27所示。

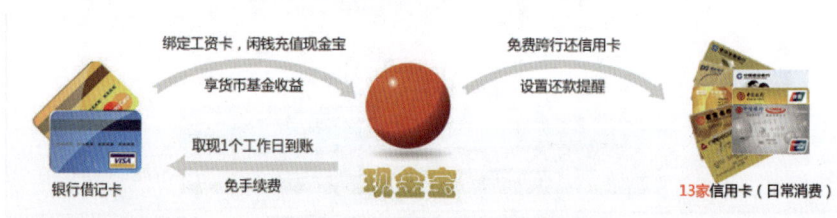

图6-27　汇添富现金宝功能

6.13
其他理财产品——华夏活期通

与余额宝、微信理财通和百度理财等产品类似等，华夏活期通是华夏基金推出的一款互联网理财产品。华夏活期通能让用户方便地将现金存入华夏现金增利货币基金，实现像活期存款一样随时取现，但华夏活期通的收益远高于活期存款利息，如图6-28所示。

图6-28　华夏活期通

与天天现金宝类似，华夏活期通也不仅仅是一个单一的互联网理财产品，还是一个理财账户。华夏活期通的优势在于以下四方面。

（1）闲钱管理。华夏活期通的收益水平要高于同期活期存款利率，存入活期通就是购买华夏现金增利货币基金。利用华夏活期通打理手中闲钱，在保持资金较好流动性的同时，还能获取一定收益。

（2）快速取现。华夏活期通支持T+0快速取现，最快一分钟到账。网上直销客户可以实现左手点"快速取现"，右手即可在ATM机上取现。快速取现不受交易时间限制，365天都可使用，单日累计上限提高至20万元，零手续费。单个投资者单笔快速取现金额上限为5万元。

（3）风险较低。华夏基金成立以来，客户本金从未出现亏损；活期通所投资的现金增利货币基金，2004年成立至今也从未出现过客户本金亏损。

（4）功能多样。将银行卡闲钱存入华夏活期通，享货币基金收益，可为多家信用卡免费还款，同时收益也远超活期存款。此外，华夏活期通支持绑定房贷、车贷银行卡，免费还贷款、跨行转账。用户可以绑定多张同名银行卡，免费跨行转账至不同的银行卡内。

与其他互联网理财产品类似，华夏活期通不仅支持计算机端，也支持手机终端。用户可以下载并安装华夏理财通手机APP，并在手机终端完成产品的购买、提现和查询收益等功能，如图6-29所示。

图6-29　华夏活期通手机APP

华夏活期通背后对接的是华夏现金增利A货币基金。作为华夏基金的老牌货币基金，华夏现金增利A历史业绩突出。华夏现金增利A货币基金2014年的收益率为4%以上，在所有A类货币基金产品中排名第三。

6.14 小结

百度理财产品由百度金融中心和华夏基金联合推出，由中国投资担保有限公司担保，是百度公司试水互联网理财的重要产品。百度百赚和百度百发最低投资门槛为一元，售后支持快速赎回，即时提现，方便用户资金流入流出。本章重点讲解了百度理财产品的特点、风险以及购买、提现等操作，同时介绍了手机APP客户端操作百度理财产品的具体步骤。此外，本章也简要介绍了其他一系列相似的理财产品，包括苏宁零钱宝、活期宝、收益宝、现金宝和活期通。

第7章

P2P理财

最近几年，一种崭新的理财模式渐渐走入了寻常百姓的生活中，它的投资期限灵活、收益较好，而且门槛较低，给了普通投资者更多的理财选择，这种理财模式就是P2P理财。P2P理财是一种全新的理财模式。本章将为读者简单介绍P2P理财的概念、风险和收益。

7.1
什么是P2P理财

　　P2P理财是近年来流行的一种理财方式，是一种全新的网络借贷模式。P2P是peer-to-peer的缩写。P2P也可以理解为个人与个人之间的关系。P2P理财是以公司为中介机构，把借贷双方对接起来以实现各自的借贷需求。

　　P2P理财中的借款方可以是无抵押贷款或是有抵押贷款，而中介一般是收取双方或单方的手续费为盈利目的。市场P2P理财公司众多，产品各不相同，收益率也不一样，建议投资者在选择产品时能够理性、谨慎地选择一款适合自己的产品。一般来说，P2P理财的业务模式主要有以下三种。

　　第一种是纯线上模式，是纯粹的P2P，在这种平台模式上纯粹进行信息匹配，帮助资金借贷双方更好地进行资金匹配，但缺点明显，这种线上模式并不参与担保。

　　第二种是债权转让模式，平台本身先行放贷，再将债权放到平台进行转让，很明显能让企业提高融资端的工作效率，但容易出现资金池，不能让资金充分发挥效益。

　　第三种是提供本金，甚至利用利息担保的P2P模式，这种模式是金融市场的主流模式，本金担保的P2P模式实质是间接融资的概念。

　　据统计，目前P2P理财公司和平台的数量已经超过了2000家，单月的成交总量已经突破了百亿元。用户在选择P2P公司时一定要多走动、多调查，选择有正规资质、规模较大、信誉好的公司办理业务，这样可以保障投资者资金的安全。一般来说，选择不动产抵押类的P2P理财产品风险相对来说要小一些。

　　此外，在互联网网贷领域，除P2P外，还有一种模式被称为P2C。P2C模式是传统P2P的延伸和升级，可以帮助小微企业快速安全融资，为大众提供了一个投资理财平台。

7.2
P2P理财是怎么产生的

　　P2P理财的根源是民间小额借贷交易，其收益来源于P2P借贷。P2P网络借贷（即Peer to Peer lending）是指个体和个体之间通过网络实现直接借贷。通俗的说，是个人通过第三方网络平台（P2P公司）向其他有借款需求的个人提供借贷的金融模式。当然，第三方网络平台需要收取一定的服务费用。

　　P2P交易对象包括两方面：一是将资金借出的客户，即P2P理财方；另一个是借款客户。通过P2P小额借贷交易，出借人实现了资产收益增值，借款人方便快捷地满足了自己的资金需求。图7-1中的圈内人即为P2P理财方，其他围成圈的人则为借款客户。

图7-1　P2P借贷

　　P2P借贷模式的雏形是由英国人理查德·杜瓦、詹姆斯·亚历山大、萨拉·马休斯和大卫·尼克尔森4位年轻人共同创造的。他们在2005年3月创办了全球第一家 P2P网贷平台Zopa并在伦敦上线运营。如今Zopa的业务已扩至意大利、美国和日本，平均每天线上的投资额达200多万英镑。

　　Zopa是"可达成协议的空间（Zone of Possible Agreement）"的缩写。在 Zopa网站上，投资者可列出金额、利率和想要借出款项的时间；借款者则根据用途、金额搜索适合的贷款产品；Zopa则向借贷双方收取一定的手续费,而非赚取利息。

随着互联网的广泛应用,P2P借贷开始以网络平台方式在英、美等发达国家发展并逐步成熟,2006年底左右进入中国。由于中国具有庞大的人口基数、旺盛融资需求,同时传统银行服务无法覆盖所有资金需求人群,P2P借贷在几年内就获得爆发式增长。

目前国内P2P小额借贷业务已经形成基于互联网平台的线上模式、非互联网的线下模式、线下线上并行模式三种形式,使很多无法获得正规金融机构服务、急需小额资金的普通人群得到了民间小额借贷服务,同时也为资金提供方提供了一种新的高收益理财方式。

注意:P2P理财是通过P2P借贷的方式,在互联网平台上将用户的闲散资金借出,从而获取协定的收益。

7.3
P2P理财的本质

P2P借贷通过中间平台公司的撮合管理,快速实现个人对其他陌生人的借贷。从本质上来说,P2P理财是一种创新的小额民间借贷。

在P2P理财的整个过程中,投资者将闲散资金以投资理财的方式交给P2P网络借贷平台,获取协定收益。借款人则根据自身的借款需求,从P2P网贷平台中借出资金,并支付协议利息。P2P网贷平台则收取管理费和服务费,如图7-2所示。

P2P网络借贷对象是有小额资金需求的个人,用途通常包括个人教育、消费、应对突发事项、小企业主资金周转等方面,资金需求额从几千元到数十万元不等。同时为了防范借贷风险,一笔出借资金通常会在P2P公司协助下,分散借给很多不同的借款者,如两万元可

图7-2 P2P借贷

分别借给10个人，以防止单一借款人违约带来本金的重大损失。

与银行吸存放贷模式不同的是，P2P网络借货更多是起到"撮合担保"的作用。P2P网络借贷主要由借款人、投资者、P2P网络借贷平台以及第四方小贷机构和担保机构构成。也就是说，一旦借款人无法还钱，理财投资者是可以先从担保机构手里拿到垫付的本息，然后担保公司和小贷公司再去慢慢找借款人追讨。简单来说，P2P网络借贷的流程由以下四个步骤组成：

（1）借款人发布自己的借款需求；

（2）P2P网贷平台公布借款项目；

（3）理财人认可项目后用自己的小额资金参与投标；

（4）小额资金累积达到了借款人需要的总数时，标成立。

P2P网络借贷的特征与非法集资性质的民间借贷有明显区别。

（1）借款对象不同。P2P网络借贷是具有小额资金需求的个人；非法集资性质的民间借贷是有上亿资金需求的企业。

（2）借款用途不同。P2P网络借贷主要用于装修、培训及经营资金周转等；非法集资性质的民间借贷主要用于项目建设或投资需要。

（3）借款分散程度不同。P2P网络借贷是将借款尽可能分散给更多的人；非法集资性质的民间借贷通常是集中于个人或单个企业。

个人与个人间的借贷行为受到中国现行法律保护，而且在一定程度上还推动了我国普惠金融事业的发展，解决了正规金融机构无法顾及的特定群体资金需求。从以上两个层面讲，P2P网络借贷本质上不是一种投资陷阱，具有强大的潜在市场需求与积极的社会作用。

7.4
P2P理财的风险及预防

由于P2P理财是一种借贷模式的理财方式，投资者从借款人处获取借贷利息，因此其风险相对普通的互联网理财产品来说更大。P2P理财风险主要来源于外部政策和监管风险、借款人信用风险、以及P2P公司的信用与经营风险。

首先，P2P资产方蕴含较大风险，这是由于其贷款获取和审批没有突破传统的金融方式，信息不对称的核心问题未解决。其次，P2P平台风险高于其他金融机构，更高的杠杆和更低的准备金，以及附带担保的模式使P2P平台风险承担与银行和小贷不同。因此，P2P平台有更高的风险。

图7-3　P2P风险

监管的缺失在一定程度上造成了P2P网贷行业的风险。目前，国内的P2P借贷尚无成熟的监管模式，P2P公司面临政策法律的不确定性，P2P公司信用诈骗事件也经常发生。因此，互联网上投资者对于P2P理财模式的高风险和高收益之间的权衡讨论非常热烈，如图7-3所示。

事实上，并非所有的P2P理财都存在高风险，用户可以在保证风险可控的前提下获得高收益。这就要求用户必须清楚地辨识其风险，谨慎挑选安全的平台。那么P2P公司存在哪些风险？用户该如何辨别呢？下面从几个方面来介绍。

（1）判断P2P公司是否为中介性质。 P2P是个人对个人的借贷，而P2P公司则是连接两头的中介机构，负责找到有需求的双方，将资源有效配置并控制中间的风险，所以投资者在选择P2P平台时，确认其中介性质的平台，能看到清楚的资金使用方向很重要。

（2）有无第三方担保。一般的P2P平台都有自己的风控措施，除了对借款人经济效益、经营管理水平、发展前景等情况进行详细的考察之外，很重要的一点就是增加对投资者资金的担保。所以投资者在选择P2P平台时，必须了解平台选择的担保公司的实力及背景，担保公司绝不能和平台有直接关系。

（3）是否资金池运作模式。 P2P平台在运作的时候，如果严格坚持投资者和借款人一一匹配，就会经常出现投资者有钱，但没有项目可投，或者借款人愿意承担高成本借钱但暂时没有投资者愿意出资，这样就在一定程度上妨碍了平台的扩大。所以有些P2P平台就开始使用资金池的方式运作，来尽可能的扩张自身业务。何为资金池呢？简单地说就是平台先将投资者的资

金放入平台指定的账户，然后再匹配借款人或借款项目。这两个操作之间存在时间差，资金停留在平台账户上，资金池就形成了。

（4）对借款人有无资质审核。近些年来，受房地产、资源领域的暴利和制造业的薄利的影响，大批企业主偏离实体经济，转向投资房地产以及虚拟经济，企业空心化日益严重。因此投资者选择P2P平台时，对于其实质的借款人以及平台的风控能力也需要有一定的了解。

虽然P2P理财行业存在以上种种风险，但只要投资者谨慎投资，不盲目追高收益，远离自融、信息不透明、平台自身担保、资金池模式运作、夕阳产业多的平台，还是可以筛选出劣质平台，留下优质平台，让自身财富稳健增值。

7.5
P2P理财的优缺点

既然P2P理财相对其他互联网理财产品来说风险更大，投资者有可能血本无归，那么为什么P2P还能迅速发展起来，得到广大用户的青睐呢？究其原因，在于P2P理财的高收益率。

P2P理财的收益率通常高达10%以上，部分P2P平台甚至打出收益率超过30%的口号，这对投资者形成了巨大的诱惑。此外，P2P理财相对较低的投资门槛，也对普通投资者具有很强的吸引力。但随着P2P网贷一系列挤兑问题的发生，市场对P2P风险的争议声不绝于耳。近期有银行也悄然加入P2P的战局，促使更多的投资者关注P2P理财，因此投资者有必要清楚的了解P2P理财的优缺点。

简单来说，P2P理财模式的优势在于收益高、门槛低。从收益上来看，P2P平台能够提供更高的利率差异化产品，高收益加本金保障计划对于普通投资者而言具有强烈的吸引力。据统计，目前P2P平台提供的产品投资收益率在8%~20%，远远高于银行理财产品、各种宝宝类产品、货币基金和信托的收益率。

同时，P2P平台的产品门槛很低，相较于银行理财产品5万以上的起购金额，P2P平台的门槛则低至50元。这一方面是由于互联网的普及，线上支付和交易技术走向成熟；另一方面，则是线上金融交易成本更低，P2P信贷企业行业投入的成本门槛低，因此投资者的入门门槛也较低。另外，目前P2P平台都提供准备金对投资者的本金进行保障，并引入合作担保机构或者抵押品加以保障。

另一方面，P2P理财方式的劣势也显而易见，即监管缺失、风险较大。近一年来，民间P2P网贷企业出现发生多起兑付风险、平台倒闭的事件。例如，网贷平台天力贷、银实贷、川信贷和东方创投等相继出现还款或提现问题。这引发了投资者对于P2P借贷风险的担忧。据不完全统计显示，2012年间就有16家P2P平台关闭，主要原因是运营不善或涉嫌诈骗，涉及金额逾3000万元。

与此同时，国内的P2P借贷尚无成熟的监管模式，P2P公司面临政策法律的不确定性，如P2P公司所提供的本金保障具有非法集资的嫌疑，而专业放款人模式又涉及是否非法吸收公共存款、个人信息买卖，P2P公司信用诈骗事件也时有发生。目前由央行联合多部委组成的调研小组对互联网金融尤其是P2P行业进行调研，一些地方监管部门也已将研究P2P纳入工作。此外，P2P的流动性不如货币基金。目前，有的P2P平台开始尝试债权转让，但债权转让也是需要债权人在持有债权三个月后才可以操作。

7.6 P2P理财的收益分析

之所以P2P理财能提供给投资者高达10%以上的收益，是因为它主要通过网络平台完成交易，而无须承担高昂的房租和人力成本。正是由于这个特点，P2P理财与其他互联网理财产品、银行理财产品相比收益更高。图7-4所示为10万元投资的各种理财产品一年期的收益比较。

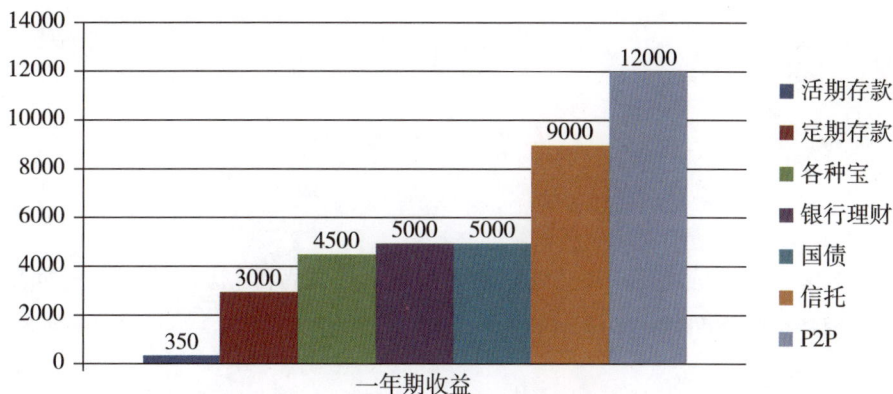

图7-4　P2P理财的收益比较

由图7-4可以看出，在银行存款、各种宝宝类产品、银行理财、国债、信托和P2P理财的收益比较中，银行存款的收益是最低的，而宝宝类产品、银行理财和国债的收益相当，P2P理财的收益则是最高的。

那么P2P理财的高收益来源于哪里呢？简单来说，一个P2P项目成立后，借款人就需要按月付息并在到期后偿还本金，每月的利息中P2P网贷平台扣除运营成本后会按月返给理财人，这就是理财人每月拿到的收益。

随着央行政策和银行贷款利息的下降，P2P理财的收益也在下滑。从2014年3月至今，各大网点平台都主动做出了利率下调，带动了行业综合收益率的降低，2015年P2P行业的综合收益率下跌至12%，预计2016年的收益将跌至10%左右，如图7-5所示。

图7-5　P2P理财的收益趋势

总的来说，即使P2P理财的综合收益降低到10%，相对于银行存款、各类宝宝类产品和购买国债而言，收益还是较高的。投资者在规避风险的前提下，进行P2P理财是获取高额回报的一种理想方式。

7.7
P2P理财平台简介

了解了P2P理财的高收益和风险后，不少投资者都蠢蠢欲动了。下面简要介绍几个P2P理财平台。

■ 陆金所

陆金所全名为上海陆家嘴国际金融资产交易市场股份有限公司，是中国平安保险（集团）股份有限公司旗下的成员，成立于2011年9月，注册资金为8.37亿元人民币。陆金所的产品设计和品牌形象都有浓浓的金融风格。

■ 人人贷

"人人贷"即P2P借贷的中文翻译，是国内资格最老的一批P2P平台之一。人人贷公司属于线上线下互为补充的模式，是一种线上开发投资者与线下开发信贷同步进行的网络P2P平台。人人贷专注的是小额贷款客户领域，为借贷双方提供一个网络平台。借款人和放款人通过网站注册和审核后，借款人将信息发布在网站上，放款人则通过这些信息来选择自己希望借出的对象，所有交易都在网络上完成。

■ 拍拍贷

拍拍贷全称为上海拍拍贷金融信息服务有限公司，成立于2007年6月，是国内较早的P2P纯信用无担保网络借贷平台，也是首家由工商部门批准获得"金融信息服务"资质的互联网金融平台，目前是国内用户规模较大的P2P平台。与国内其他P2P平台相比，拍拍贷的最大特点在于采用纯线上模式运作，平台本身不参与借款，而是实施信息匹配、工具支持和服务等功能，借款人的借款利率在最高利率限制下，由自己设定。这也是P2P网贷平台最原始的运作模式。

■ 全民通

全民通主要从事互联网金融理财服务，业务范围涵盖互联网金融服务、电子商务、投资理财等金融领域。作为互联网金融平台，全民通具有便捷、透明的特点，以及高保障、高收益、便捷的线上投资理财服务优势。全民通

100%本金保障计划，一站式借款服务，专业第三方支付接口，允许债券转让。

除了以上介绍的P2P平台外，国内还有近2000家金融公司提供P2P平台。尽管平台数量众多，但都可以归结于几大类的主流模式，总的来说，有项目批发、线上运行、债券转让、线下信用转嫁、银行P2P模式和电商模式6类，下面简要介绍这几类主流模式的原理。

项目批发模式的代表是陆金所。陆金所利用平安集团的金融产品优势，广泛对接银行、信托、保险和具体项目信贷，用项目对接的方式将投资者的资金匹配到具体产品中，其投资门槛在一万元左右。该模式原理如图7-6所示。

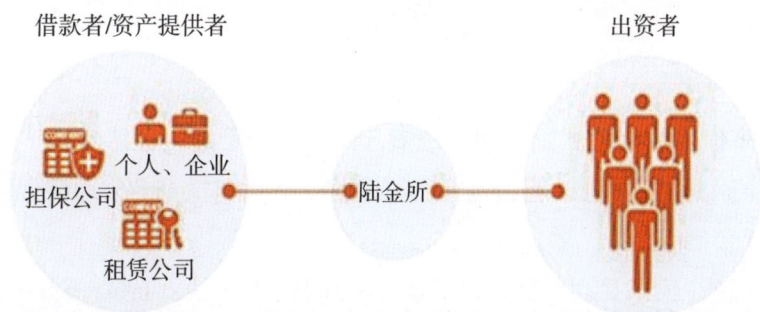

图7-6　项目批发模式

线上运营模式的代表是拍拍贷、人人贷。该模式也借助部分的线下资源，但线上资源占优势，主要利用互联网开展投资、融资，并结合数据征信开展信用贷款。该模式原理如图7-7所示。

图7-7　线上运营模式

债券转让模式主要是和线下非银行类金融机构合作，如担保公司、典当行等，由线下机构进行项目开发，形成债券后放到线上，由P2P平台负责二次风险控制并融资，其模式原理如图7-8所示。

图7-8　线上运营模式

线下信用嫁接模式则利用传统银行团队的运营经验，结合线下的抵押和质押流程模式，开展线上的融资征信服务，把线下的商业信用转化为线上P2P的平台信用。

银行P2P模式是利用银行自身业务资源进行P2P线上尝试，对部分委托贷款业务进行P2P化，具有风险控制和流动性的优势。

电商模式的典型代表是阿里巴巴、京东和腾讯，利用电商平台丰富的数据记录和征信特征明显的交易流，进行自有体系的P2P业务和体系外的数据征信服务。

7.8
如何注册P2P理财平台

在P2P理财平台上投资主要有以下几个步骤：注册——实名认证——充值——选择项目——投资——到期提现取回本金和收益。注册就是在理财平台上申请账号。对于初次接触P2P理财的用户来说，了解如何注册平台是基础的技能。绝大部分平台都是免费注册的，只有一些处于测试阶段的平台会要求有邀请码之类的用户才能注册。

此节简单介绍陆金所P2P理财平台注册流程，其他平台的注册流程大都类似。陆金所的注册步骤如下所示。

（1）打开陆金所官网（http://www.lufax.com），可以看到主页右侧注册页面，如图7-9所示。

（2）在图7-9所示的用户注册页面中依次输入用户名、邮箱、密码、手机号、验证码。用户阅读《陆金所服务协议》后，点击【提交注册】命令即可。注册完成后，系统会要求用户输入手机验证码，验证后即进入了陆金所的验证页面，如图7-10所示。

图7-9　陆金所主页的注册页面

图7-10　用户实名验证页面

（3）图7-10中的实名验证页面需要验证用户的真实信息、银行卡、交易密码和安保问题，验证完成后就可以在陆金所开始理财操作。用户可以选择是投资或者借款，如图7-11所示。

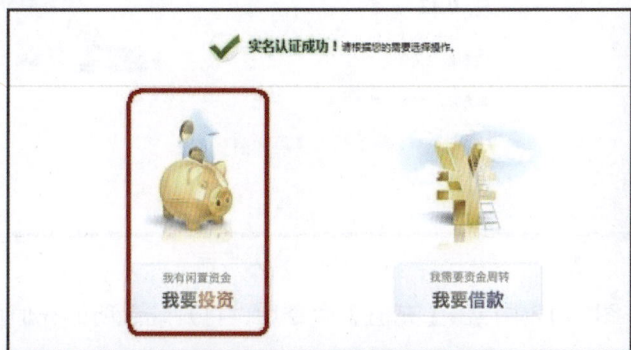

图7-11　完成实名验证

至此，用户在陆金所网站进行注册的操作就完成了。由于理财平台涉及钱财，因此线上交易必须进行实名认证。事实上，其他的P2P理财平台如人人贷、拍拍贷等的注册流程都基本相同。

7.9 在P2P理财平台上充值

注册并完成了P2P理财平台的实名认证后，投资者就可以往平台充值了，以便进行项目投资。简单地说，在P2P理财平台上充值也就是将投资者银行卡中的资金转入平台。以陆金所P2P理财平台为例，其充值的操作步骤如下所示。

（1）打开陆金所理财平台官网（http://www.lufax.com），在陆金所首页上方点击【登录】命令，进入登录页面后，输入相应的用户名、密码、验证码，再点击【登录】命令，页面自动跳转到"账户总览"页面，如图7-12所示。

图7-12　用户个人页面

（2）在图7-12中点击【充值】命令后，打开陆金所的充值页面，该页面显示了用户绑定的银行卡、预计到账时间、账户可用余额和充值余额，用

户在充值金额中输入需要存入的金额即可，如图7-13所示。

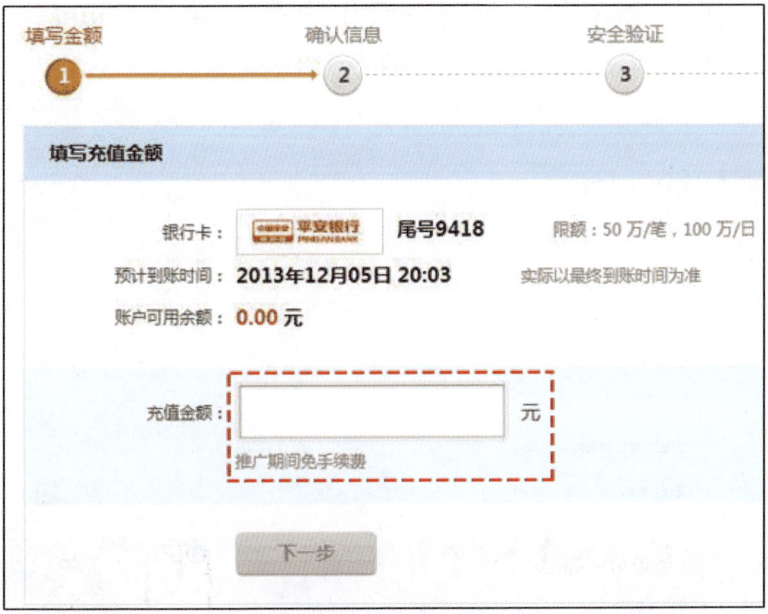

图7-13　输入充值金额

（3）输入充值金额后，点击图7-13所示的【下一步】命令，即进入确认信息页面，如图7-14所示。

图7-14　确认信息

（4）在图7-14中确认无误后，点击【下一步】命令，即可进入安全验证页面，在其中输入充值金额、交易密码、手机动态码后，点击【下一步】命令提交充值申请，提交后的申请如图7-15所示。

图7-15　充值完成

至此，在P2P理财平台中充值的操作就完成了。用户通过如上步骤可以看出，只需在平台中输入充值金额、支付密码即可完成充值，操作简便。

7.10 如何在P2P理财平台上投资

P2P理财作为互联网理财的重要组成部分，受到了广大投资者的认可。前面小节已经讲解了P2P理财平台的注册、实名认证和充值，那么如何在P2P理财平台投资呢？简单地说，投资需要先在P2P理财平台上选择投资项目，再将充值的资金投入到选择的项目中。

选择项目是投资者在P2P平台上选择自己要投资的项目，原则上是要结合自身的风险和期望收益进行选择。P2P理财平台一般会提供许多项目供用户选择。以陆金所平台的投资为例，其步骤如下所示。

（1）打开陆金所理财平台官网（http://www.lufax.com），在陆金所首页上方点击【登录】命令，进入登录页面后，输入用户名、密码、验证码，点击【登录】命令后回到陆金所主页，在页面中点击【我要投资】命令，如图7-16所示。

图7-16　选择【我要投资】

（2）用户也可以登录后在首页点击【投资频道】进入投资页面，可以查看陆金所提供的投资项目，如图7-17所示。

图7-17　投资页面

（3）用户点击投资页面中的投资项目，可以查看该项目的详细信息和服务介绍，如果用户确认要投资某个项目，只需点击该项目后的【投资】命令，即可打开陆金所的投资向导。在投资向导页面中用户可以确认投资信息、确认合同并进行安全验证，如图7-18所示。

图7-18 投资向导

（4）当用户确认要投资该项目后，可以在向导的第三个环节【安全验证】中输入交易密码和验证码，点击【确认】命令即可完成投资，如图7-19所示。

图7-19 投资向导

注意：在P2P理财平台上选择项目投资之前必须确保用户账户中有足够资金，即已经进行了充值操作。

至此，在P2P理财平台进行投资的操作就完成了。投资者可以在平台上集中投资一个项目，也可以分散投资多个项目来降低风险。

7.11
P2P理财平台的提现

在P2P理财平台上进行投资的最后一个环节就是提现，即等项目到期之后，把获得的本金和收益从平台账户中提现到银行卡中。同样的，提现操作也必须在P2P理财平台中完成。同样以陆金所为例，其提现步骤如下所示。

（1）登录陆金所P2P理财平台官网（http://www.lufax.com），进入"我的账户"页面，点击【取现】命令，如图7-20所示。

图7-20　个人页面

（2）在图7-20中点击【取现】命令后进入提现页面，在其中填写取现金额，点击【下一步】命令即可，如图7-21所示。

图7-21　填写提现金额

（3）在图7-21中点击【下一步】命令，进入确认安全验证页面，输入交易密码，获取并填入手机动态码，再点击【下一步】命令，如图7-22所示。

图7-22　输入交易密码

（4）输入交易密码和手机验证码后，提现的请求就已经提交到理财平台，同时系统会提醒用户到账的时间，如图7-23所示。

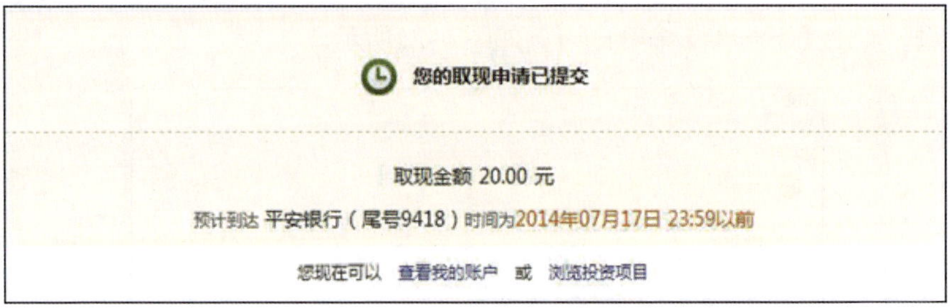

图7-23　提现成功

注意：用户提现的目标只能是实现绑定的银行卡，因此用户在进行投资和提现操作之前必须先确认银行卡的信息并绑定。

至此，在P2P理财平台上进行提现的操作就完成了。需要读者注意的是，虽然大部分理财平台的提现操作类似，但提现金额、到账时间等备有不同。以陆金所P2P理财平台为例，提现账户单日不限制总额，单笔最小取现金额为一元，每天可提现多笔。

7.12
P2P理财的特别提醒

由于P2P理财相对于其他互联网理财平台来说风险更大，且缺乏监管，所以，对于没有投资经验的用户来说，确保自己的资金安全是非常重要的。因此，此处提醒用户对于P2P理财一定要非常慎重，不能被高额的回报所诱惑。所以，在选择P2P平台进行投资的时候可以注意以下几点。

（1）网站制作是否粗糙。如果该网站制作得非常粗糙，很多内容明显就是复制的，毫无新意，且错字连篇，那么投资者就需要格外注意了。

（2）网站备案信息是否真实。目前凡是有资金交易的网站需要以公司名义或是法人的名义进行备案。投资者在投资之前可以到公司所在地工商局的网站上查看该公司的信息是否和运营的网站相符合。

（3）网站背后的实体公司是否有实力。一般的网站背后都是有实体公司负责的，而该实体公司的资金实力和运营能力就是投资者需要详细了解的。目前在国内，正常运营P2P平台的公司的注册资金为几十万、几百万、几千万甚至是上亿元，建议投资者在选择投资平台的时候尽量选择资金实力比较雄厚的公司。

（4）了解借款人资料的真实性。要认真核实网站上借款人的真实资料，如公司名称、法人名称、身份信息等。

（5）选择加密传输的网站。网上交易最核心的就是资金的安全，所以最好选择加密的网站，即传输协议为https的理财平台。

（6）避免私下交易。建议用户避免私下交易，因为私下交易的约束力较低，同时个人信息可能会被泄露，存在诈骗等安全隐患。

总的来说，P2P理财作为一种新兴的理财模式，还需完善。投资者可以多听听各方的建议，同时选择可靠的P2P理财平台，尽可能地规避风险，获取较高的收益。

7.13
小结

　　本章主要介绍了目前互联网理财中的新兴模式之一——P2P理财。首先介绍了P2P理财的本质是网上借贷，并分析了P2P理财的收益和风险，使读者有了大致的了解；其次简要介绍了国内常见的几个P2P理财平台，并以陆金所为例具体讲解了在P2P理财平台上进行投资的各个步骤：注册、实名认证、充值、投资和提现；最后基于P2P理财的风险，给出了投资者进行P2P理财需要注意的相关事项。

第8章

众筹理财

　　随着网络时代的到来，人们的日常生活发生了翻天覆地的变化。互联网不断地创新发展，创造出了许多新的经济模式。就金融行业而言，伴随着互联网走进千家万户，人们对互联网的依赖程度不断提高，尤其近几年互联网金融开始飞速发展，呈井喷趋势，余额宝、P2P理财等各种金融产品的出现给传统的金融行业带来了巨大的冲击。与此同时，众筹理财也开始兴起。

众筹是互联网理财中的又一个新领域，其火爆原因与2013年互联网金融的突然大热是分不开的。然而，与各类宝宝、P2P理财、第三方支付等领域的火爆相比，众筹迈的步子稍显迟滞。随着互联网金融的深入发展，众筹这种理财模式必将受到越来越多的投资者的关注，用户需了解众筹的相关知识。

8.1
什么是众筹理财

众筹（CrowdFunding），即大众筹资或群众筹资，是一种新型的筹资渠道。简单地说，众筹是指一种向群众募资，以支持发起的个人或组织的行为。在募资方式上，众筹主要是利用互联网的开放平台发布筹款项目并募集资金，将产业和金融连接起来。

一般而言，众筹是通过网络上的平台联接赞助者与发起者。在资金使用上，群众募资被用来支持各种活动，包含灾后重建、民间集资、竞选活动、创业募资、艺术创作、自由软件、设计发明、科学研究以及公共专案等。根据统计显示，2013年众筹的全球总募集资金已达51亿美元，其中90%集中在欧美市场。而世界银行报告则预测2025年其总金额将突破960亿美元，亚洲占比将大幅增长。

现代众筹是以美国的Kickstarter为代表的一批网站发展起来的。虽然众筹这种新型的融资模式在美国诞生的时间并不长，但是已经蔓延到了全世界，在中国也得到了快速的应用，大量的投资者都通过网络认识众筹，甚至利用众筹创业。2011年7月众筹模式进入中国，我国成立首家众筹网站——点名时间，之后陆续出现追梦网、众筹网、淘梦网等，目前已存在多种众筹平台。

股权众筹在我国发展较快，目前已经成为移动互联网、互联网类企业融资的选择途径之一。众筹平台正在逐步摸索适合自己的发展模式，更好地助

力初创企业发展。通过对国内4家股权类众筹平台数据进行统计，2014年国内有分属于股权众筹、奖励型众筹、捐赠性众筹等不同形式的平台数十家不等，众筹领域共发生融资事件千余起，募集总金额高达10亿元人民币。

比较国内众筹与国外众筹模式，两者最大的差别是在支持者的保护措施上，国外项目成功了，马上会给项目打钱去执行；国内为了保护支持者，把它分成了两个阶段，会先付50%的资金去启动项目，项目完成后，确定支持者都已经收到回报，才会把剩余的资金交给发起人。

相对于传统的融资方式，众筹更为开放，项目的商业价值也不再是能否获得资金的唯一标准。只要项目能够打动网友，都能通过众筹方式获得项目启动的第一笔资金。这为更多小本经营或创业的人提供了无限可能。

8.2
众筹理财的产生背景及类型

众筹模式起源于2009年的美国的众筹网站Kickstarter，该网站通过搭建网络平台面对公众筹资，让富有创造力的人可能获得所需要的资金，使他们的梦想有可能实现。众筹模式的兴起打破了传统的融资模式，每一位普通人都可以通过该众筹模式获得从事某项创作或活动的资金，使得融资的来源不再局限于风投等机构，而可以来源于大众。

众筹融资最初在艺术领域较为常见，如歌手或乐队为举办演唱会而向支持者募集资金等项目。随着时间的推移，众筹项目的成功扩大了众筹融资的影响力，更多的行业通过互联网加入了这一模式。众筹也从最初的带有公益和慈善性质的募捐向更加商业化的领域扩展，并得到了广泛的支持，其运行模式如图8-1所示。

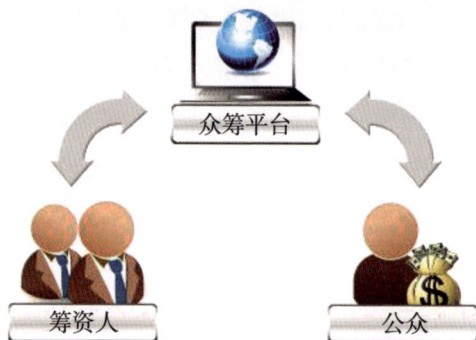

图8-1　众筹的运行模式

据统计，目前全球约有众筹网站数千家，融资规模增长迅速。例如，2011年众筹融资14.7亿美元，2012年即达到26.6亿美元，增长高达81%，2013年募集资金超过60亿美元，资金募集速度越来越快。

虽然众筹融资模式在我国发展较晚，但发展也非常迅速。目前我国常见的众筹模式有预购式和股权式。其中，预购式是回馈产品和服务的众筹模式，如国内的京东、淘宝等推行过预购式众筹。股权众筹是指给予股份的众筹模式，公司出让一定比例的股份，面向普通投资者，投资者通过出资入股公司，获得未来收益。

按照回报方式的不同，众筹模式又可以分为债权众筹、股权众筹、产品众筹和捐赠（公益）众筹。

债权众筹与P2P模式类似，即多个投资者对某个众筹项目进行投资，同时根据投资比例获得一定的债权，项目成功后投资者取得一定的利息并收回本金。

股权众筹一般在创业公司的众筹项目上比较常见，即多个投资者对某个众筹项目进行投资，根据投资比例获得一定的公司股份。

产品众筹是应用最多的众筹形式，即多个投资者对某个众筹项目进行投资，然后获得具体的产品或服务。此处的产品既可以是实物，也可以是虚拟产品、奖励或服务。

公益众筹就是投资者对某个项目无偿的捐赠。部分众筹网站的公益项目大多不限制成功数额，无论筹集资金多少项目都会执行。

预购式的众筹平台发展较快，很多创意类的项目都通过预购式的众筹募集到了资金，而股权式的众筹主要针对处于创业初期的企业。股权众筹是基于互联网渠道而进行融资的模式，也被看作是为私募股权互联网化。

众筹网站的出现，尤其是股权式众筹模式为普通投资者提供了直接参与金融市场的渠道，有利于实现民间资本与小微企业的对接，缓解资本市场资金紧缺而民间资本投资无门的双重问题。众筹融资模式提供了资金从储蓄者直接流向借款人的便利渠道，代表了金融市场新的方向。

8.3
众筹理财的本质是什么

众筹模式在美国兴起时，有一个响亮的口号："贩卖梦想的生意模式。"正是因为有了圆梦的光环，处处体现着"我为人人，人人为我"的正能量，以及"将客户转化为股东，将股东转化为客户"的时髦概念，众筹模式迅速俘获了投资者的芳心。

在这个众筹热度依然不减，但亏钱案例却越来越多的风口上，广大投资者在参与众筹前，务必看清众筹的本质：一种低门槛的创业风险投资。众筹通过互联网方式发布筹款项目并募集资金，用类似团购+预购的形式，向网友募集项目资金的模式。例如，众筹可以可以解释为："自己买不起飞机，但有一万个志同道合的人跟你一起买了飞机，你就将成为这架飞机的拥有者之一。"如图8-2所示。

图8-2 众筹的本质

从图8-1中读者可以看出，众筹的核心思维是搭建一个平台，汇聚各个小个体的力量完成一个项目，并让参与的小个体获得当中的利益。当投资者通过众筹资金公共地完成一个项目之后，所有参与者都能从中受益。

注意：众筹依靠互联网改变了资金筹集的方式，却没有改变创业过程中要面临的风险，也没有让创业风险投资所面临的风险减少。

事实上，众筹并不是近年才出现的新事物，一直以来大众对项目融资、公益和产品众筹都有一定的关注度，只是这种关注没有一个契机爆发。2013年互联网金融突然爆发，点燃了人们对众筹的热情，借此机会，部分领域的众筹取得了令人欣喜的成就。

8.4
众筹理财有什么风险

由于众筹的优越性，很多人将其视作实现梦想和孵化创业项目的理想方式，既能缓解资金困局，又能集小资做大事，还能创新不少产业的商业模式。然而，众筹也是一个危机四伏的雷区，撇开政策性风险不说，众筹本身项目执行效率不高、监督监管缺失、信息披露不充分、项目失败风险等，就可能导致投资者的资金损失，甚至会使经验不足的投资者陷入欺诈事件。

因此，虽然众筹并不是一种全新的理财模式，但相对于互联网金融中的银行理财产品、各类宝宝和P2P理财来说，众筹理财存在较大的风险。其风险主要表现在法律方面、产权方面和收益方面，具体来说有如下几类：

■ 非法集资的风险

根据《最高人民法院关于审理非法集资刑事案件具体应用法律若干问题的解释》第一条，非法集资应当同时满足4个条件，即未经有关部门依法批准或者借用合法经营的形式吸收资金；通过媒体、推介会、传单、手机短信等途径向社会公开宣传；承诺在一定期限内以货币、实物、股权等方式还本付息或者给付回报；向社会公众即社会不特定对象吸收资金。

从形式上看，众筹平台这种运营模式未获得法律上的认可，通过互联网向社会公开推介，并确实承诺在一定期限内给以回报（募捐制众筹除外）。其中股权式众筹平台以股权方式回报给出资者；产品式众筹平台主要以物质方式回报给出资者；债权众筹平台以资金回馈方式回报给出资者，且均公开面对社会公众。所以，单从这一条文来讲，众筹平台的运营模式与非法集资

的构成要件相吻合。

然而，除了要考虑众筹平台是否符合非法集资的形式要件，还要深入考察众筹平台是否符合对"非法集资"犯罪定性的实质要件。《最高人民法院关于审理非法集资刑事案件具体应用法律若干问题的解释》的立法目的中写道"为依法惩治非法吸收公众存款、集资诈骗等非法集资犯罪活动，根据刑法有关规定，现就审理此类刑事案件具体应用法律的若干问题解释如下"。可见，该司法解释的出台是为了惩治非法吸收公众存款、集资诈骗等犯罪活动，也是为了维护我国社会主义市场经济的健康发展。而众筹平台的运营目的包括鼓励支持创新、发展公益事业及盈利。良性发展的众筹平台并不会对我国市场经济产生负面影响，不符合非法集资犯罪的实质要件。但我们也要严防不法分子以众筹平台或者众筹项目骗取支持者和出资人资金的行为。

■ 代持股的风险

众筹的出资者一般都在数百人乃至数千人，部分股权式融资平台的众筹项目以融资为目的吸收公众投资者为有限责任公司的股东，但根据《公司法》第24条规定"有限责任公司由五十个以下股东出资设立"。那么，众筹项目所吸收的公众股东人数不得超过50人。如果超出，未注册成立的不能被注册为有限责任公司；已经注册成立的，超出部分的出资者不能被工商部门记录在股东名册中享受股东权利。

目前在我国绝大部分对股权式众筹项目有兴趣的出资者只愿意提供少量的闲置资金来进行投资，故将股东人数限制在50人以内将无法募集足够数额款项来进行公司运作。因此，在现实情况中，许多众筹项目发起者为了能够募集足够资金成立有限责任公司，普遍采取对出资者建议采取代持股的方式来规避《公司法》关于股东人数的限制。采用代持股的方式虽然在形式上不违反法律规定，但在立法精神上并不鼓励这种方式，这种代持股的方式可能会导致广大众筹项目出资者的权益受到侵害。

■ 知识产权权益受到侵犯的风险

众筹平台成立的主要目的之一在于挖掘创意、鼓励创新，其上线众筹项目的发起者的主要目的在于实现其创意，贩卖其创意；而出资者的投资出发点在于支持创意、购买新颖的产品。但是发布在众筹平台的众筹项目大多是还未申请专利的半成品创意，故不能依知识产权相关法律保护其权益。

与此同时，几个月的众筹项目预热期给了盗版商充分的剽窃时间。所以从保护知识产权利益的角度出发，许多众筹项目的发起者只向公众展示其创意的部分细节。连带下来，具有出资意愿的创新爱好者由于无法看到项目全貌而无法对产品形成整体、全面的印象，也就大大降低了其投资兴趣和投资热情。所以我国知识产权相关法律法规在创新性众筹项目方面的缺失降低了创意发布者创新积极性，也使众筹项目出资人对创新项目的支持力度大打折扣，严重桎梏了众筹行业的发展。

■ 非标准化风险

众筹在国内正处于刚刚兴起的阶段，发展不成熟，没有建立一个行业的标准。目前，虽然各家众筹网站基本已建立起各自模式化的流程和标准，用于项目的申请和审核，但项目能否上线最终还是依某一团队的经验判断。项目的风险、金额设定、信用评级也基本取决于平台方，存在可操作的弹性空间。而不同团队能力良莠不齐，对风控、操作的把握也各异，像"众贷网"一样由于经验不足导致失败，给出资者造成损失的案例也不少见。

■ 欺诈行为

当下多数出资参与者对众筹项目的收益形式和风险点还缺乏必要的了解。五花八门的众筹项目非常吸引众人目光，一些可能的欺诈行为也会打出高收益的噱头。而由于众筹参与的门槛相对较低，出资金额小，其中的风险更容易被忽略，造成损失后也更难追讨。

■ 法律、监管机制不完善

目前国内缺乏针对众筹的相关法律条文和相应的监管监督机制，相应的众筹平台自身也缺乏管理经验，如图8-3所示。

图8-3 众筹风险

因此，众筹在未来的发展中，一方面要完善他律，可通过严格众筹网站平台方准入和审核，营造相对安全和公平竞争的市场环境，引入第三方资金托管机构，降低众筹平台资金预留、挪用和沉淀的风险；另一方面，平台方也要加强自律，负起对上线项目进行严格线下考核和客观评估的责任，建立项目发行人披露制度，推动众筹标准化进程。

此外，众筹平台还需加强对募投资金进行监控，并对出资人进行明确的风险提示，防止普通出资者在非理性情况下做出错误选择。众筹业未来持续发展，规范将是关键。

8.5
众筹理财的优缺点

无论众筹存在怎样的风险，从近几年来众筹平台和资金规模的迅速增长可以看出用户对众筹是非常认可的。这主要归结于众筹的优越性，是其他理财产品和平台所不能比拟、不能代替的。

众筹理财的优点主要体现在创业门槛较低，这是因为之前的创业门槛高，属于风险投资，众筹帮用户降低这一门槛。因此，许多众筹网站本着"实现梦想"的目的，帮许多创业者筹集到了资金，并且推广了产品，实现了产品的真实价值。

其次，众筹获得的不仅仅是资金，还有一份市场调查报告，这是之前的融资渠道不能达到的。简单地说，众筹的认可度表示消费者对于产品是否有很好的评价与认可，所谓的评价就是一份调查报告。这在一定程度上会反映出产品的真实价值。

此外，众筹模式存在一个隐性的价值：先让消费者出资，再去制造产品，如果项目融资成功，并且实际的研发与生产过程都一切顺利，那么对于创业者来说，就在很大程度上降低了创业成本与风险。同时，众筹也相当于一个很好的广告平台，如果项目融资成功了，这就是一次对大众的广告，并且这些消费者与投资者就会成为未来的客户。即使项目融资失败，该项目都得到了一次很好的展示。

然而，众筹理财也存在许多缺点，有些缺点甚至是致命的，影响众筹的发展趋势。其中，最突出的表现就是带来了生产压力。根据众筹平台的规则，如果项目融资成功，就必须在一定时间内完成产品的开发与研制，实现给支持者或投资者的承诺，因此众筹在筹到资金的同时，也带来了订单的压力。

其次，众筹缺乏创业指导。与传统的风险投资与融资项目相比，众筹缺乏宽广的行业人脉和观察积累，众筹平台的投资者不可能提供统一建设性的意见。此外，众筹平台的投资者也不够专业，虽然众筹平台能快速筹到资金用于产品研发和生产，但并不能保证今后的资金链就会完整。由于众筹的项目种类较多，即使项目的发展比较顺利，但那些支持者很可能早已把注意力转移到其他新奇的发明上去了。

当然，对于投资者来说，保障资金安全和较高的收益率是第一位的，而众筹理财在这一方面恰恰是不确定的。一旦众筹项目失败，用户的投资和收益可能就无法保证，这也是众筹理财的先天缺陷。

8.6
众筹理财平台简介

众筹作为一种新兴的互联网金融模式，极大地扩大了公众参与度，是一场去精英化、去平台化的大众融资革命。众筹借助互联网高效、便捷的传播特点，建立了一种新的资金筹集机制，但本质上仍是一种低准入门槛的创业风险投资。

由于众筹理财的进入门槛低，对大众的吸引力较高，因而在短期内诞生了许多众筹理财平台，为广大投资者提供了众筹资源。本小节为读者简要介绍几个国内规模较大及关注度较高的众筹平台。

众筹网（www.zhongchou.com）是中国最具影响力的众筹平台，于2013年2月正式上线，是网信金融集团旗下的众筹模式网站，为项目发起者提供募资、投资、孵化、运营一站式综合众筹服务。众筹网涵盖的领域包括科技、艺术、出版、公益、农业、娱乐和其他共7个频道及苏州站、河南站等地方站，基本涵盖了众筹领域的各个方面。图8-4为众筹网的主页。

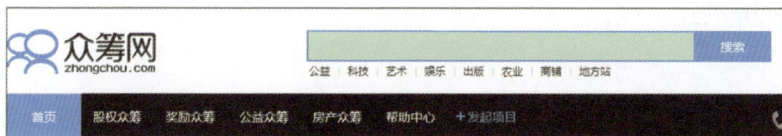

图8-4　众筹网

人人投（www.renrentou.com）直属于北京飞度网络科技有限公司，是专注于股权众筹的网络平台，为实体企业提供融资服务，帮助融资方快速融资开分店，帮助投资者找到优质项目，旨在为投资者和融资者搭建一个公平、透明、安全、高效的互联网金融服务平台。图8-5为人人投的主页。

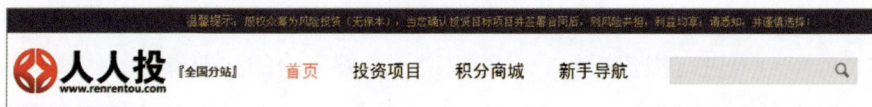

图8-5　人人投

追梦网（www.dreamore.com）是上海追梦网络科技有限公司旗下的众筹模式网站，是国内众筹网站的先行者之一。 追梦网于2012年正式上线，共上线音乐、电影、出版、人文、旅行等各种类型项目数百个，其中大部分项目成功，总筹资额达人民币千万元。图8-6所示为追梦网的主页。

图8-6　追梦网

根据2015年4月的国内金融市场最新研究资料显示，以平台的影响和可靠度为依据，众筹网的影响力和可靠度综合最高；京东众筹和淘宝众筹影响力紧随其后，但二者的可靠度为较强；股权众筹平台云筹网以最强影响力和较强的可靠度居首位。从融资成功度和用户的赞美程度来看，人人投的融资成功度最高，但用户赞美度较低；资本汇以第二的融资成功度和较高的用户赞美程度其次。综合类众筹网站中，追梦网的融资成功度最高，用户赞美程度其次。

8.7
注册众筹平台

了解了众筹理财的概念、风险和优缺点后，投资者就可以试着自己通过众筹平台开展理财行动了。前面内容中提到，进行众筹理财的关键步骤是选择一家好的众筹平台，可以获得更高的收益并规避风险。

总的来说，通过众筹平台进行理财的主要步骤分为四个步骤：选择众筹平台；注册平台用户，并进行实名认证，等待平台审核；进行第三方支付平台注册与认证；预约认购并签订协议，获取分红。

当用户选择了众筹平台后，需要在该平台上注册，只有完成注册后才能在众筹平台上进行投资操作。一般来说，众筹平台的注册操作基本类似，此处以人人投众筹平台的注册为例，为读者介绍如何在人人投众筹平台完成注册。

（1）打开人人投众筹平台主页（http://www.renrentou.com），在主页的右上角点击【注册】命令，弹出人人投的注册页面，如图8-7所示。

图8-7　注册页面

（2）在图8-7所示的注册页面中填写手机号码，并点击右侧的【获取验证码】命令，将打开如图8-8所示的验证码页面。

图8-8　验证码页面

（3）如图8-8所示，页面要求用户输入一个验证码后，才会发送短信验证码到手机上，这是为了保障用户注册的安全性。当用户收到短信验证码后，将验证码输入图8-7的验证码一栏中，并输入密码，选中我已阅读并同意《人人投网站服务协议》后，点击【注册】命令，即可完成注册。注册完成后，用户可以点击人人投平台右上角的【用户中心】，查看个人信息，如图8-9所示。

图8-9　用户中心页面

由于用户还未完善相关账户资料，没有完成个人信息的实名认证，所以暂时不能在人人投平台上发布和认购项目。用户可以点击图8-9中的【完善个人资料】，进行相关的信息填写，完成实名认证并通过平台的审核后，即可在人人投众筹平台上进行项目的理财相关操作。

8.8 众筹平台的预约认购操作

当用户在众筹平台上完成了注册操作，并通过平台审核后，就可以开始进行预约认购操作。一般来说，为保证投资者资金安全，各众筹平台会进行第三方资金托管，投资者在认证成功后进行同步注册第三方平台。

以人人投众筹平台为例，用户在注册平台后还需要在【用户中心】进行第三方平台易宝支付的注册，与易宝支付同步之后，便可以对自己看好的项目进行预约认购。在项目正式融资时，用户可以查看项目的相关信息，当用户对此项目感兴趣并很想投资此项目后，点击【认购】命令即可，如图8-10所示。

图8-10　认购项目

当用户点击【认购】命令后，众筹平台会要求用户阅读并同意《合作协议》和《认购协议》，同时将钱转账到第三方支付平台。当项目融资成功并且企业成立后，用户就成为该企业的股东，共享企业的盈利与分红。

众筹理财与其他互联网理财项目不同，其收益与不同的众筹项目挂钩。

因此，当用户在进行众筹项目的投资之前，首先需要先确认该项目的收益。一般来说，所有众筹平台都会提供对应项目的收益计算器，以人人投众筹平台的"克蒂斯钻石"项目为例，用户点击该项目中的【收益计算器】命令即可打开平台提供的收益计算工具，如图8-11所示。

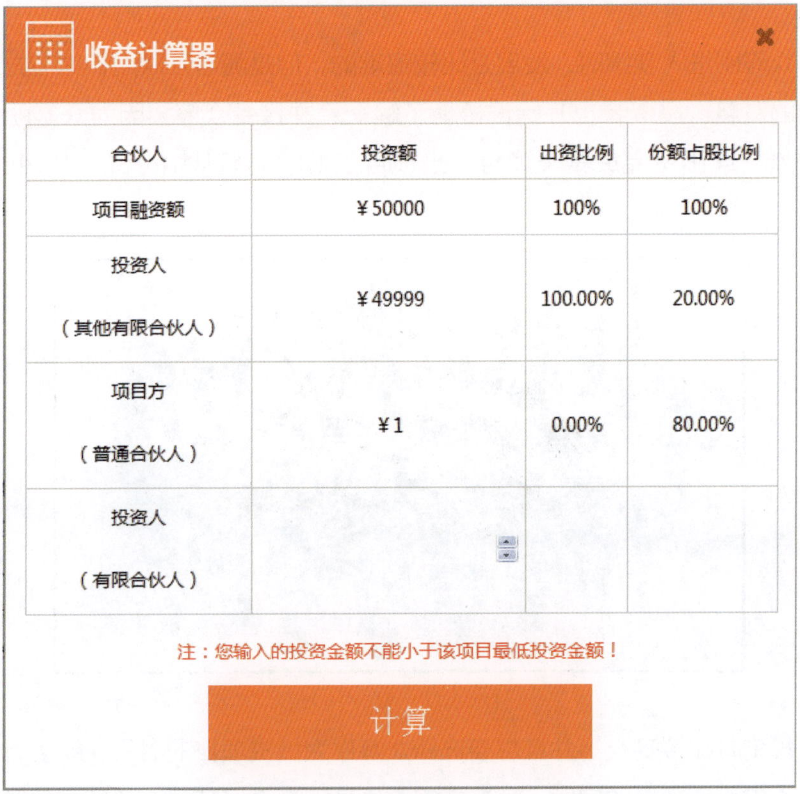

合伙人	投资额	出资比例	份额占股比例
项目融资额	￥50000	100%	100%
投资人 （其他有限合伙人）	￥49999	100.00%	20.00%
项目方 （普通合伙人）	￥1	0.00%	80.00%
投资人 （有限合伙人）			

注：您输入的投资金额不能小于该项目最低投资金额！

计算

图8-11　收益计算工具

当用户在图8-11所示的收益计算器中输入投资额后，点击【计算】命令即可查看投资在该项目所占的比例，并在后期按比例进行分红。

由于众筹平台的多样性，每个平台的预约认购操作和流程均有所不同，但正规的平台都提供了众多保障措施，用以保护用户的投资，如人人投众筹平台即提供了模拟投资、项目路演等功能让用户更加了解该项目。因此，用户在选择众筹平台时，一定要考虑平台为用户提供的资金保障措施和预约认购操作是否安全。

8.9 如何选择众筹项目

众筹刚进入我国时，发展是比较艰难的，但是随着互联网和第三方支付平台的发展，投资者也开始慢慢地了解众筹并接受众筹。因为众筹就是让投资者一起出资完成某个项目，当项目获得收益后从中分红，如图8-12所示。

图8-12　众筹项目

投资者在接受众筹并且想要选择众筹作为投资项目的时候，就会有如何选择众筹投资项目的问题。投资众筹首先是因为看好了一个项目，觉得这个项目有发展前景，而且能够给投资者带来切实的利润。

鉴于现在网络上的各种众筹项目纷繁复杂，投资者到底要如何选择才能够找到适合自己的众筹项目，才能够切实地从中获得利益？这是每一位投资者需要考虑的问题，也需要学会其中的技巧。简单地说，选择众筹项目主要从如下几个方面来判断。

（1）项目的可操作性。投资众筹最简单的做法就是需要明白这个众筹项目的可操作性，如果这个项目根本就是纸上谈兵，没有任何的可操作性，投资了这样的项目就无法获得收益，甚至还会造成投资的损失。

（2）项目的前景。众筹项目的前景决定项目是否能通过众筹并融资成

功的关键。投资者必须要选择有发展前景的项目，最好是新的项目，是政府扶持的新项目。这样才能够确保项目融资成果，从而获得高收益。

（3）项目依托的平台。当投资者对该项目并不了解时，就应该听取专家的意见。因此，要选择投资众筹，投资者可以选择信誉比较好、成功率高的众筹网站和平台进行操作，否则会增加投资者的投资风险。

需要投资者注意的是，由于一开始并不知道众筹项目到底怎么样，只是看到发起者介绍的优点和美好的发展前景，所以一开始不能够投入比较大的资金，这样能够保证投入资金的安全性，同时降低投资风险。

8.10
众筹平台的在线投资流程

一般来说，为了降低投资者的投资风险和保证项目方的利益，众筹平台对双方的认证审核都会很严格，审核一批具备一定投资实力、投资经验、行业资源的投资者。当然，作为众筹投资者在投资前也需要注意一些事项。

首先，投资或许会带来很丰厚的回报，但同时也伴随着很大的风险；其次，在投资之前要对项目有一个全面的了解。通过对投资流程的调查了解，此处设计了一般众筹平台的投资流程图，如图8-13所示。

从图8-13中可以看出，当项目在众筹平台上线后，投资者可以开始进行询价，同时查询自己是否拥有认筹资格。如果确定该项目适合投资并具有资格后，投资者可以开始认购，并确定认购金额。

当项目发起人确定并同意投资者的认购请求后，投资者就可以开始支付认筹的金额。一般来说，投资者支付资金都必须通过众筹平台绑定的第三方支付平台来实现，这是为了确保用户的资金安全。当用户支付成功后，对该项目的投资就已经完成，项目发起人和投资者形成了股权关系。一旦项目成功，投资者将从项目的分红中获取收益。

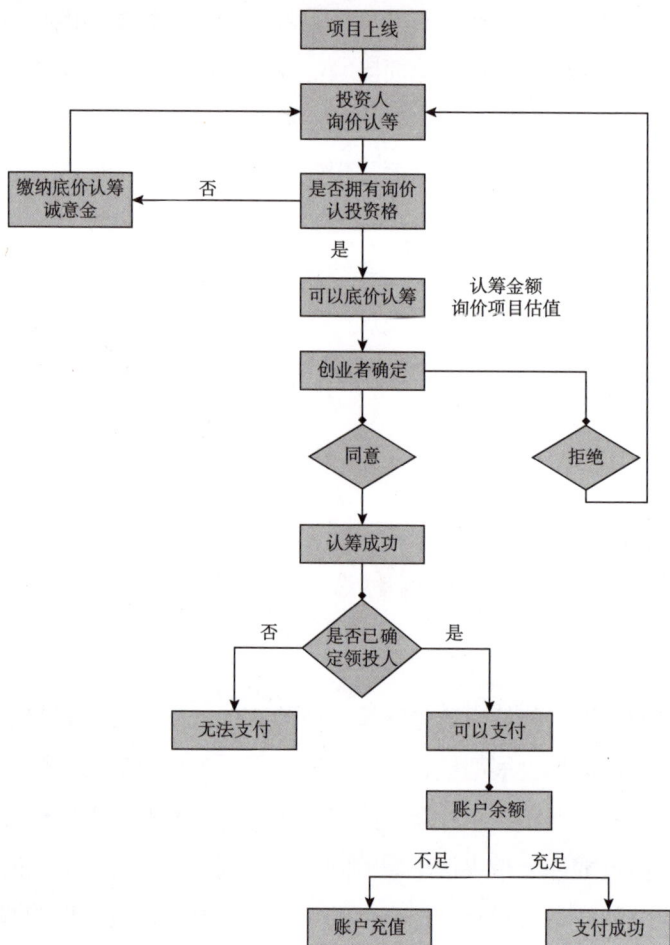

图8-13　众筹平台的在线投资流程

8.11
众筹理财的特别提醒

众筹是互联网金融中的新兴产品，其特点是收益高和门槛低，用户投资好的众筹项目后有获得股权的希望，并从中得到分红。众筹理财自诞生以来，得到了金融行业和互联网行业的特别关注。如2014年上半年，综合类众筹平台获得的实际投资金额为1600多万元，如图8-14所示。

2014年上半年综合类众筹平台实际投资金额分布

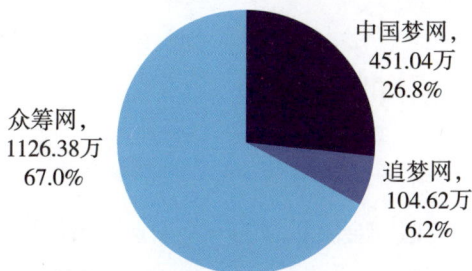

中国梦网，
451.04万
26.8%

众筹网，
1126.38万
67.0%

追梦网，
104.62万
6.2%

图8-14　综合类众筹平台投资分布

　　投资者参与众筹，其实和参与其他投资一样，都应该对所参与的项目进行审查，包括其盈利能力、风险指数等，这些在投资前一定要仔细考虑。随着众筹的发展，目前众筹在传媒领域、互联网领域、消费领域，甚至在房地产领域都有成功的项目案例，这是传统的融资难以想象的。为了更好地保障用户的资金安全，此处给出几个关于众筹的特别提醒，供投资者参考。

　　（1）选择可行、合法的种类进行投资，避免参与无法取得合法资质的项目。例如，参与办学需要取得教育部门的批准，参与房地产项目就要取得国土部门、规划部门的审批，这就要评判所投资的项目是否符合条件。

　　（2）评估所投资的项目的经营前景，即项目的回报前景如何。这就取决于投资者所投资的项目类别。在互联网日渐发达的今天，有不少人更看重产品或者服务的创意而忽略经济上的回报，这部分人应注重其投资种类的精神回报；而如果追求经济回报的，不言而喻，就应注重审查所投资种类的产品或者服务的发展前景以及负责经营的管理层的管理能力等。

　　（3）评估所参与项目或者股权投资的法律风险，考量其行为是否涉嫌非法集资。由于众筹领域尚缺乏监管，而且众筹行为与民间集资的特征高度相似，因此投资者需要辨别所参与的项目是否涉嫌非法集资。如果项目涉嫌非法集资，那么投资者需要承担法律上的风险，使得投资出现安全问题。

　　一般来说，选择正规的众筹平台中的项目可以规避许多风险，而项目的可操作性就需要投资者本人对项目进行考察，根据项目所提供的资料，依托众筹平台所提供的项目路演、模拟投资等功能去分辨投资是否可行。只有同时具有可操作性、前景发展好的项目才有可能通过众筹手段融资成功，使投资者获得收益。

8.12 众筹理财技巧

众筹是近年中国互联网金融领域的一个奇迹，其迅猛的增长速度、庞大的规模体系让整个金融界为之惊叹。"小投资，大利润"的优势向草根受众敞开了理财大门，也一度使其得到了政府的重视，在国民经济地位迅速攀升。

众筹越来越火爆，越来越多的投资者也希望能抓住机会，将众筹作为一种投资的工具获取尽可能高的收益，这就需要掌握一定的众筹理财技巧。那么，众筹理财的技巧有哪些呢？

（1）要对众筹理财有一个清晰的认识。众筹目前存在着不同的分类，按照主流的方法，可以分为股权众筹、债权众筹、产品众筹以及捐公益众筹。其中股权众筹和债权众筹是在世界上占比最高的两种众筹模式，而且调动的资金也最多，而产品众筹在中国有着最高的应用，它催生了很多新产品的问世，具有积极的作用。公益众筹虽然所占的比例并不大，但是对于公益事业有着非常大的正面影响。

（2）任何投资方式对投资者都有投资门槛的设置，那么众筹投资的门槛如何呢？从众筹的本质来说，既然叫众筹，就是大众筹资的意思，那它必然是面向草根的一种投资方式，门槛也会很低。例如，常见的产品众筹，只需要几十元到几百元就可以支持一个项目。而股权众筹的投资属性更明确一些，也会有一定的风险，因此会被要求对投资者设置准入门槛，当然也不会太高，这也是对所有投资者的一种保护措施。

（3）众筹的回报也是投资者所关心的。对于产品众筹来说，投资者所得到的是发起者所生产的产品或者服务，用户对它的满意与否来自于产品的使用体验。而股权众筹或债权众筹回报给支持者的是股权或者利息，这样的回报是比较高的，尤其是股权众筹。

（4）说到回报就必须提到风险，由于是针对创业企业的投资，那么还是有一定风险性的，毕竟创业的失败率还是比较高的，支持者有可能无法得到应有的收益，尤其是股权众筹，投入的资金比较多，企业的压力也比较大，风险会更大。

（5）要注意众筹的法律风险。我国已经对众筹开始了加大力度的管理，以防止出现借助众筹的外衣来进行非法集资的行为。一般来说，判断众筹是否为非法集资主要有两个特征：一是是否公开发行，对不特定对象进行发行；二是发行对象是否超过200人。

8.13
小结

作为一种新型的理财投资方式，众筹在世界范围内迅速发展，大量的投资者都通过网络认识甚至产生了利用众筹创业的想法。本章简要介绍了众筹的本质和风险，以及众筹理财模式的优缺点。此外，本章以众筹理财投资者的角度，具体阐述了国内几个主要的众筹理财平台，并介绍了众筹理财平台的注册和投资流程。最后，本章就如何选择众筹项目、众筹平台的操作流程和众筹理财的相关技巧做了简要介绍。

第 9 章
互联网理财工具软件

随着互联网理财市场的发展，大量的网络理财产品不断涌现。随着"各种宝"等理财产品的火热推出，互联网销售理财产品接连掀起收揽资金的活动。同时，许多银行、互联网金融公司都推出了互联网理财工具，用以帮助用户进行互联网理财。使用理财工具可以帮助用户更便捷地关注理财产品的历史业绩和投资能力，从而使用户能更加合理地选择适合自己的互联网理财产品。

9.1 为什么需要互联网理财工具软件

互联网理财工具是指帮助用户进行互联网理财的工具软件，是一类辅助软件。随着互联网理财产品的日益火爆，越来越多的理财产品被推出。用户在这些理财产品中如何选择适合自己的产品呢？这就需要理财工具来帮助。

通过前面章节的介绍，读者已经了解诸如余额宝、微信理财通、百度百赚等理财产品，即可以运行在用户的移动终端上的APP类工具软件。但这些工具只能显示和操作一个理财产品。为了能够让用户更方便地进行互联网理财，各类互联网理财工具软件就应运而生了。简单来说，互联网理财工具软件的主要作用如下。

（1）帮助用户了解互联网理财产品的最新情况。大部分互联网理财工具软件都能捕捉最新的金融理财信息，并通过弹出窗口或者提示框告诉用户。用户可以通过点击链接打开相关资讯页面，从而了解互联网理财市场的最新情况。

（2）帮助用户掌握所关注的理财产品的收益情况。互联网理财工具允许用户添加关注的一些理财产品，并实时更新这些产品的收益。用户通过查看相关信息来掌握自己关注的理财产品收益情况。

（3）帮助用户管理互联网理财产品。一般来说，互联网理财产品需要专门的客户端才能进行管理操作，这是为了保障资金的安全。部分互联网理财工具软件能够提供理财产品管理的接口，从而帮助用户快速投资或赎回理财产品。

随着移动终端和互联网的日渐融合，传统的互联网渐渐进入了移动互联网时代，因此互联网理财工具软件大多数支持各种版本的移动终端，方便用户随时随地通过手机、PAD等移动终端来使用。例如，余额宝的APP软件就提供了Android版、iPhone版和Mac版三个不同版本，用以支持不同的移动终端，如图9-1所示。

图9-1　支持多个版本的工具软件

通过互联网理财工具软件，用户可以随时随地的查看理财产品的收益情况，可以对理财产品进行购买、赎回等管理操作。此外，许多工具软件还提供多个理财产品的收益比较、排行等功能。因此，互联网理财工具软件是用户进行互联网理财的重要手段。

9.2 如何鉴别互联网理财产品

随着余额宝、理财通等产品的快速发展，互联网理财产品层出不穷，各大互联网公司纷纷推出了自己的理财产品。除此之外，各大银行也推出了各类银行类宝宝，参与到互联网理财产品的竞争中。

那么，应当如何鉴别这些产品的真假，防止上当受骗呢？本小节将介绍常见的几种鉴别方法。

■ ICP备案查询

一般来说，正规的金融互联网都需要在国家工信部备案。根据其网站网址可以查到注册时间、企业信息等资料。例如，如果用户打算购买一款互联网理财产品——天天活期宝，可以打开ICP备案查询页面（http://www.beianbeian.com）进行查询，如图9-2所示。

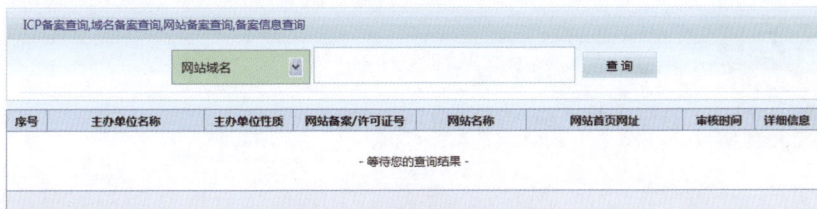

图9-2　ICP备案查询页面

在图9-2所示的页面中输入想要购买理财产品网站的域名，以天天活期宝为例，输入网站域名为"huoqibao.com"，输入后点击【查询】命令，即可显示该域名的相关信息，如图9-3所示。

图9-3　查询结果

在图9-3的备案返回结果中，读者可以看到天天活期宝的相关信息，如主办单位、审核时间等。如果用户还想查看该网站的更详细的信息，可以点击图9-3中的【详细信息】链接，即可查看该互联网产品所对应的更加详细的信息，比如该域名和网址的负责人、备案号等，如图9-4所示。

图9-4　查询详细信息

■ 逛专门的论坛或贴吧

由于每一种理财产品都有大量的用户购买，因此用户在购买产品之前可以访问这些论坛，查看有关这种理财产品的评论，了解其收益。如果已经有用户上当受骗，那么在论坛中就能体现出来。

■ 寻找是否有手机理财客户端

大部分互联网理财公司会设计开发适应于其理财产品的手机客户端，以便客户查看收益、随时投钱或提现。而假冒的互联网理财公司一般没有实力和资金去开发手机客户端，因此用户可以凭此进行判断。

9.3
理财产品速递APP

本节简要介绍一些互联网理财工具软件，这些工具软件中有由理财产品依托企业推出的且只支持一种理财产品，也有用户自己设计能够查看和比较多个理财产品的。

由于当前各大银行推出的金融理财产品已成千上万，用户不可能在银行的网站或柜台上仔细了解这些金融理财产品的详细情况，不得不借助外部工具来帮助剖析银行理财产品，为自己选择最适合的金融产品，保证理财行为能够获得最大收益。平安银行推出的互联网理财工具软件——理财产品速递APP就是其中之一。

理财产品速递是平安集团出品的APP应用之一，该工具软件依托平安银行，以平安的数据库和行业关系为后盾，为投资者提供全国大部分银行的在售和预售理财产品的查看和查询功能。用户可以在中国平安官网（http://m.pingan.com）下载该产品，其包含了支持苹果系统的Apple版和支持安卓系统的Android版两个版本，如图9-5所示。

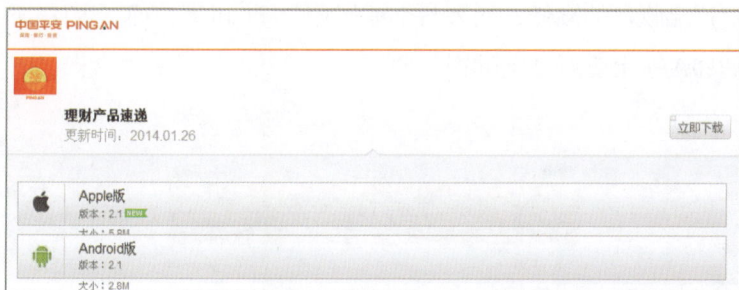

图9-5　下载理财产品速递

下载理财产品速递工具软件后，将其在对应的移动终端上安装完成，用户就可以根据所在地、常用银行、理财金额等方便地进行自定义筛选，并可关注感兴趣的产品和搜索附近的银行网点等，如图9-6所示。

总的来说，平安银行推出的理财产品速递APP能够帮助投资者快速进行银行理财产品的查看、比较，其主要特点如下。

（1）丰富的产品信息。理财产品速递APP包含了上百家银行的所有在售和预售理财产品的实时数据，供用户进行查询比较。

图9-6　理财产品速递页面

（2）人性化的筛选方式。用户可以自由根据收益率、理财期限、是否保本、地区、银行等条件进行单个或组合筛选，找到最想要的银行理财产品。

（3）全面的产品详情。理财产品速递APP除了详细展现产品的发行银行、发行地区、收益率等产品信息，用户还可以直接拨打银行客服电话或者借助地图查询附近的银行网点。

（4）便捷的理财计算器。理财产品速递APP提供了理财计算器，可以完成指定产品的收益率计算，或者自定义条件自由计算，方便用户计算自己的每次收益。

对于互联网理财工具软件来说，便捷的操作性是衡量软件的重要指标。理财产品速递APP软件提供了丰富的理财产品筛选功能，操作十分方便，如图9-6所示。

由此可以看出，有了理财产品速递APP工具，用户再也不需要为了了解各家理财产品收益的高低，而去各个银行营业厅问询比较了。用户可以在理财产品速递APP上查看全国的银行理财产品，从而找到最适合自己的银行理财产品。

图9-7　筛选理财产品

9.4
招行旺钱包APP

随着智能手机融入大家的日常生活，银行、购物、基金等应用也越来越多，手机等移动终端理财是现代年轻人的必修课。旺钱包是为招商银行小企业e家用户量身定制的手机投资理财钱包，方便用户随身进行资产管理。

与其他的互联网理财工具软件APP相比，旺钱包既可投资和理财，还能信用消费，是随身资产管理的利器。同样的，旺钱包APP分为支持IOS系统和Android系统的两个版本，用户可以在招商银行官网或搜索网站上下载。如图9-8所示。

图9-8　招行旺钱包

招行旺钱包是国内首款移动互联网金融平台的APP，承载了招行小企业E家平台的投融资和积分商城等主要业务，用户通过该软件可以查看优质精选的投融资项目，并获得稳健的投资收益。简单来说，旺钱包APP的主要特点如下。

（1）项目快投安全稳健。旺钱包网罗各大银行最稳健的投资项目，年化收益最高可达6%～9%，低风险，高收益。

（2）独特钱包理财功能。随时存入理财，钱包余额每天增长，随心所欲T+0提现。

（3）投资收益随时可见。投资小管家，随时展示投资收益，资产状况一目了然。

（4）免息信用商城消费。为理财达人定制的消费商城，网罗各种潮流商品，通过投资信用购买，先消费后结算，享受免息还款期。

旺钱包APP中强大的消息中心涵盖了投资详情、最新资讯和攻略，让用户的投资理财更科学、更省心。旺钱包APP的运行界面如图9-9所示。

从图9-9所示的旺钱包的页面中可以看出，旺钱包APP工具软件可以快速查看用户的资产和累加收益，并支持信用消费。旺钱包能够帮助用户随时随地进行资产管理，投资信用能够随时购物消费。这是其他许多理财APP软件不具备的。

图9-9　旺钱包页面

9.5
云收益Pro收益率查询APP

前面介绍的两款互联网理财工具软件都是针对银行理财产品的，而自从支付宝的余额宝推出并获得巨大的成功之后，市场上各类"宝宝"基金理财产品迅速发展。这类互联网理财产品由于大多可以随时提现和极低的入门门槛，很受人们的追捧。

然而，由于目前市面上的宝宝类理财产品众多，在购买之前用户需要花费很多时间去收集各产品的收益数据才能进行对比。而云收益Pro 是一款理财产品收益率查询工具，它收录了市面上流行的60多种理财产品，如余额宝、微信理财通、京东小金库、招行朝朝盈、百度百赚等，用户可以随时查看和对比它们的每日收益、历史趋势图、估算收益等，从而更轻松地投资。

云收益 Pro 是一款为理财用户量身打造的手机版APP小工具，支持IOS以及Android两个系统版本。它可以自动汇聚目前各种流行的理财产品的收益数据信息，帮助用户快速挑选最合适的理财产品。用户可以通过云收益 Pro的官网（http://www.yunshouyi.pro）或搜索下载地址来下载该软件，如图9-10所示。

图9-10　云收益Pro收益率查询APP

云收益Pro收益率查询App 的目的是实现方便地进行理财产品的对比、查询、收藏等功能，并将整合的多方面的数据资源呈现给用户，从而让用户对各类基金理财产品了如指掌，快速做出决策，选择合理的投资对象，获得最优的收益回报，如图9−11所示。

图9−11　云收益Pro运行界面

云收益Pro目前已经能支持61种主流的理财产品，而且收益等数据几乎每天更新，包括当天的万份收益、7日年化收益率等数据。云收益Pro的主要特征包括：支持查看宝宝类收益比较、收益排名、基金详情等信息；支持查看基金历史收益趋势图；支持对常用基金收藏置顶；支持收益预估计算；支持收益与银行活期存款的对比等。

9.6
理财宝中宝APP

与云收益Pro收益率查看APP类似，理财宝中宝也是一款手机端的在线

理财管理应用APP。理财宝中宝APP可以查看余额宝、理财通、百度理财、京东小金库、苏宁零钱宝等当前主流网络理财产品的近期收益与走势图，帮助用户随时随地掌握各理财产品的收益行情，是一款安全、方便、快捷的理财产品查看工具。

理财宝中宝可以追踪用户在各个理财产品中的收益率，形成走势图，为客户提供一个直观直接数据，供客户选择，如图9-12所示。

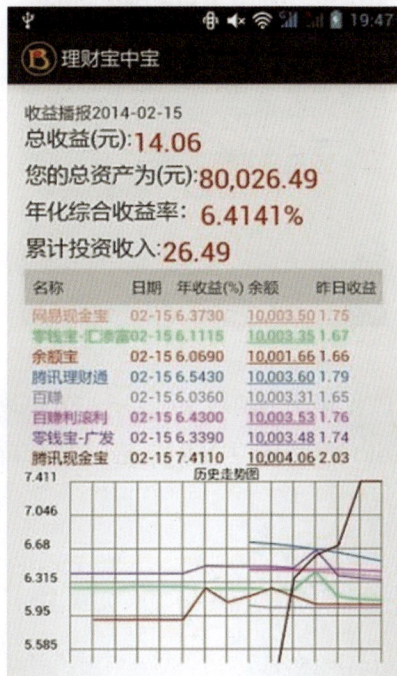

图9-12　理财宝中宝APP运行界面

用户可以通过软件下载网站（http://www.pc6.com）或搜索"理财宝中宝APP"来下载该软件。理财宝中宝APP的主要的功能包括以下几个。

（1）自动计算并汇总用户在余额宝、现金宝、理财通等网络理财产品每天的收益。

（2）追踪各种网络理财产品的收益曲线并进行比较，帮助用户选择收益更高的产品。

（3）汇集网络理财热点新闻，了解实时咨询。

同时，理财宝中宝APP允许用户设置各类理财产品中的金额，并能够根据用户的设置自动计算每天收益并绘制收益图，如图9-13所示。

图9-13　设置理财宝中宝

　　由于理财宝中宝APP汇集了当前最主流的一些互联网理财产品，其应用广泛，不仅在IOS和Android移动平台中使用广泛，还允许在Windows Phone平台中应用。

9.7
理财产品收益分析网站

　　互联网理财产品在近几年来异军突起，余额宝、理财通等产品一夜之间席卷了神州大地。各类理财产品工具软件、移动终端APP软件纷纷面世，帮助投资者查看、比较和管理理财产品。而各类财经类网站也不甘示弱，先后推出了理财产品的首页分析栏目和频道，典型代表有中国理财网、百度财富、希财网、银率网。

■ 中国理财网
中国理财网是经中国银行业监督管理委员会批准建立的全国银行业理财

产品信息披露门户网站，由中央国债登记结算有限责任公司设计、开发、运营、维护和管理。网站旨在打造一个专业化、集中化的服务平台，实现理财产品信息的透明化和公开化，为广大金融投资者提供多角度、深层次、全方位的理财综合服务，以实现银行业理财业务的品质提升。中国理财网的网站地址为http://www.chinawealth.com.cn/，网站主页如图9-14所示。

图9-14　中国理财网

■ 百度财富

百度财富是百度打造的专业的金融服务平台，为用户提供理财产品、行业资讯、金融服务、贷款产品、贷款知识等第三方金融服务。百度财富网站地址为：http://caifu.baidu.com/，网站主页如图9-15所示。

图9-15　百度财富

此外，当用户在百度搜索中通过"理财产品"关键字进行搜索时，百度财富将显示推荐的部分理财产品，用户可以根据投资金额、计划理财周期来查找适合自己的银行理财产品、基金、P2P理财产品等，如图9-16所示。

图9-16　百度财富产品筛选

■ 希财网

希财网是中国领先的金融理财产品搜索、导购、投资者教育及投融资服务平台。希财网提供的服务包括为个人和小微企业提供的各种金融产品的搜索、推荐和申请服务，业务范围涵盖P2P网贷、小额贷款、众筹、信用卡等领域。希财网本身不提供金融产品，而是致力于帮助个人、企业找到合适的金融理财产品，同时帮助银行、P2P网贷平台、小贷公司、众筹平台等金融机构寻找精准的客户群体，拓展销售渠道。希财网的网站地址为：http://www.csai.cn/，网站主页如图9-17所示。

图9-17　希财网

■ 银率网

银率网是中国最具专业性的投资理财网站之一，在线向消费者传授投资理财技巧，并有投资理财的计算工具，介绍各类中国投资与理财金融产品。银率网定期推出对当前主流的理财产品进行比较的互联网理财产品收益排行榜。银率网的网站地址为：http://www.yinhang.com/，网站理财页面如图9-18所示。

图9-18 银率网

除了以上列出的一些互联网理财产品收益分析和查看网站外，还有许多网站专栏也提供类似功能，如新浪财经、网易财经等专栏频道。当用户想要了解更多的互联网理财产品信息时，可以在网络上搜索查询，此处不再一一列举。

9.8 小结

由于当前市场上的互联网理财产品越来越多，投资者无法深入地了解和比较每一款产品的收益情况和详细信息。这种情况下理财工具软件就应运而生了。本章首先简要介绍了互联网理财工具软件的作用、如何鉴别理财产品的方法，重点讲解了理财产品速递、招行旺钱包、云收益Pro和理财宝中宝4款理财工具APP软件，最后为用户推荐了部分比较产品收益率的网站。

第10章

提前消费理财

　　随着人们理财观念的变化，越来越多的人开始了提前消费。通俗地说，提前消费就是拿今天的钱享受明天的生活。这已成为很多人的消费观念。而各种金融工具和产品也在帮助消费者学会如何透支、享受透支。只不过，人们在享受提前消费带来的快感时，要记住提前消费的迟早要还的，若负债过度而超过了还款能力，那自己正常的生活可能会受到影响。本章将为读者介绍提前消费理财的相关内容。

10.1 什么是提前消费（可透支）理财

提到提前消费，大家的第一反应普遍是贷款买房和信用卡消费。从理财的角度来看，合理的提前消费可以使个人资产的货币时间价值得到很好的延展及利用。因此，提前消费，也是一种理财的方法。

有这样一个故事：一个中国老太太和一个美国老太太在天堂相遇，中国老太太说"我攒够了30年的钱，晚年终于买了一套大房子"。美国老太太说"我住了30年的大房子，临终前终于还清了全部贷款"。这个故事对我国民众消费观念的改变起到了巨大作用。

自国外先消费后买单的思想得到国内民众的广泛认同后，提前消费逐渐取代了传统消费观念。提前消费也称为超前消费、透支消费，是指当下的收入水平不足以购买现在所需的产品或服务，而以贷款、分期付款或预支等形式进行消费。

负债过日子是一种动力和压力，激励人们更努力地工作以解决自己的负债，满足自己的生活要求。另外，适度的负债能够有效地提高投资效率，充分享受生活的乐趣，提高家庭的生活质量。总的来说，提前消费在一定时期对经济发展有一定的刺激作用。

为什么说提前消费也是一种理财方法呢？例如，小李是A城市一名工薪族，每个月也只有3000元的工资，而在A城市买一套三房二厅的房子也要40万元。按这样的收入，如果不提前消费，小李一辈子都不能有房子住，不能拥有一个自己的家。但通过提前消费，向银行贷款，只要首付10万元，每个月还款1500元左右就行。这样不仅有了房子，还可以有计划地还房款，每个月的工资就会有计划。这不是一种理财方式吗？

从这个角度来说，提前消费是一种理财的方法，可以称之为提前消费理财。读者可以思考，如果将10年前的一万元存到现在，由于物价的上涨，这一万元就不会像10年前那样值钱了，它已经贬值了。但如果10年前向银行贷款了这一万元，到现在来还这笔钱，这就是收益很高的一种理财方法。

10.2 提前消费理财的优势

提前消费理财是一种没有直接收益率可参考的理财方法，用户不知道通过这种理财方式能获得多少收益。然而，提前消费理财具有购买理财产品所不能比拟的优势，主要表现在如下几个方面。

（1）通过提前消费可以带动新的消费热点，扩大市场需求，使消费结构更加合理，反过来又促进生产的增长，使生产与消费保持良性的循环。其次，提前消费可以增加资金利用率，只有真正进入市场流通的资金，才能具有货币本身所应具有的价值。最后，促进个人信贷消费是拉动内需，是政府为拉动内需促进经济增长和转变银行经营机制的一项重要举措。例如，如果消费总额中信贷消费的比例占10%，就能拉动经济增长4个百分点。

（2）对个人而言，提前消费不仅可以帮助自己购买超出目前购买能力的消费品，改善生活质量，还可以激励个人奋发向上。身上有压力，行动上也就有了积极的动力，有了挣钱还贷的压力，也就多了一份对工作机会的珍惜。可以说，提前消费给个人在物质和精神上都产生极大的激励作用。

（3）国家政策现在也在鼓励消费的积极性。为了刺激国民消费，国家强化了宏观调控，有计划地加速商品房的建设和家用汽车的生产，扩大了消费领域。国家还制定了一系列鼓励消费的政策。其中信用消费、按揭消费、个人贷款就是很有吸引力的办法，吸引了众多的提前消费的消费者。

事实上，政府的大量举债、企业的借贷也是超前消费观念的一种宏观表现，政府、企业的这些举措也推动了地方的建设和企业的发展。同样，作为消费观念的微观表现，居民消费的转变在促进我国经济快速稳定发展、扩大内需、推动社会消费方面发挥了很大的作用。提前消费的观念也可以激活银行资金。它以相当高的利率贷给客户，视客户的年龄、收入等情况决定贷款的额度和期限。而且客户把贷款消费的项目，如购买的房子、汽车抵押给银行，当客户一旦丧失偿还能力时，银行就可以将抵押物收回。同时，还可以激活市场，特别是激活了房地产市场和汽车消费市场，扩大了内需。另外，这种消费方式还解决了不少人的住房问题。

10.3 提前消费理财的风险

尽快提前消费具有许多优势，能帮助用户获取一定收益，但不能否认提前消费也是一把双刃剑，在肯定它好处的同时，也不能忽视它可能会给社会带来的不利影响。提前消费理财存在一定的风险，这是用户必须了解的。

正如投资有成功也有失败一样，提前消费同样也有风险。当今社会上的"负翁"和"卡奴"现象就是提前消费特有的产物，如果对提前消费控制不当，会对社会的思想和经济方面都带来不良影响，如图10-1所示。

图10-1　提前消费的风险

过度的提前消费还会给消费贷款居民以超过心理承受能力的压力。如果出于攀比心理消费，随之而来的还贷压力必然加大经济压力，从而造成心理上的压力，生活质量、自身心态也会受到影响，具体表现在如下几个方面。

（1）提前消费会刺激人们对物质的追求。而过度追求物质享受也会使社会上的拜金主义思想日益严重，公众的价值观、人生观极度扭曲，甚至会产生极具破坏性的享乐主义和不切实际的浪费文化。

（2）提前消费有可能导致"负翁"，缺乏有效的制度规范和约束，一切会走向预期的反面，使经济发展的稳定受到影响，导致银行的呆账、坏账

泛滥成灾，为社会埋下许多失控的潜在危险。

（3）提前消费会对借贷方的财产构成侵害，产生社会信用危机。同时，提前消费也会影响负债人的信誉，造成他们在经济和精神上的压力，更会产生经济纠纷。

一项问卷调查的结果显示，我国背有房贷的人，心理上会产生焦虑情绪的比例高达98.09%。循序渐进是社会发展的规律，任何揠苗助长的浮躁心态对于社会发展是极其有害的。

因此，对于提前消费这个社会发展的必然产物，用户应该量力而行，防止提前消费成为过度消费，让这把"双刃剑"充分发挥其优势，同时又尽量避免潜在的风险。在美国提前消费为社会经济埋下祸端的可能性是微乎其微的，因为有许多完备的制度规范与消费信贷制度相配套，人们从借贷之初就处于制度监控之中：有没有不良减信记录，具不具备还债能力，借出去的钱如何花等。有了这些制度规范，"负翁"和"卡奴"就处于制度框架以内。我国想要控制提前消费的风险，也有必要建立一系列配套的制度。

10.4
信用卡理财

随着金融行业的发展，目前信用卡已经成为人们生活中的重要工具。信用卡又称为贷记卡，是一种非现金交易付款的方式，是简单的信贷服务。信用卡由银行或信用卡公司依照用户的信用度与财力发给持卡人，持卡人持信用卡消费时无须支付现金，待账单日时再进行还款即可，如图10-2所示。

由于国内各大银行对信用卡

图10-2　信用卡理财

的支持，很多用户有一张甚至是多张信用卡，但绝大部分的用户都只是单纯的通过信用卡进行消费。事实上，信用卡不仅仅是透支消费那么简单，还可以用来理财，在一借一还之间能为用户带来一定的收益。本节简要为读者介绍如何进行信用卡理财。

■ 利用免息期理财

信用卡一般有60天的免息期，运用巧妙则相当于小额免息贷款。如果有多张信用卡，可以利用不同记账日和还款日，将几笔大额消费分解到两三个月的时间里。利用免息期还可将日常消费资金投入短期理财产品，如货币型基金，收益不多但积少成多。

例如，王先生买了一台8000多元的电视，买单时王先生选择了刷信用卡付款。第二天，王先生将这省下来的一万元现金，加上自己卡里的9万多元钱凑足10万元，购买了某银行一款投资期为50天，预期年化收益率高达6.5%的理财产品。"刷信用卡买电视时是上一期账单日的后一天，也就是说，这笔欠款可获得56天的最长免息期。"当10万元理财产品到期后，可获得约900元的收益，这时再拿出一万元偿还信用卡欠款，不用支付一分钱利息，还利用这一万元的投资获得了收益。

■ 刷卡赚航空里程

如果用户经常外出，可以办一张航空联名卡，刷卡消费积累航空里程，可获得昂贵的航空保险、免费机票、免费升级舱位、免费机场停车等。选卡时要看自己经常乘坐哪家航空公司的航班，集中乘坐更划算。此外，要注意积分兑奖的条件。普卡最优惠的是广发行和中行的南航明珠信用卡，每14分即可兑换一公里里程。各家航空公司里程兑换的门槛也不同，最低的是东航，累积6000公里即可，国航则需要在两年内达到两万公里里程才可兑奖。

■ 积分换使用物品

许多银行发行的信用卡都包含不同种类的配套优惠服务，积分换物是其中非常普遍的一个活动，信用卡积分累积方式与持卡消费金额直接挂钩。目前各大银行基本采取消费一元积一分，但招商银行信用卡则采取消费每满20元积一分，零头不计，积分累积速度较慢，而且部分消费未满20元的部分容易被"浪费"。所以要让积分换物划算的话，清楚自己持有的

信用卡所对应的积分规则是第一步，这样才能在理性消费的同时获得最大的返还优惠。

■ 从信用卡里"揩"油

中国建设银行、广发银行等推出以汽车为主题的信用卡，用户通过信用卡充值加油IC卡可享受优惠，或是刷卡加油可获得现金返还，或是用积分兑换指定油品。

除此之外，各家银行都会针对信用卡推出不同的消费优惠活动。比如开卡送刷卡金、购物打折、积分免单、返现金等。个人可根据自己的实际情况，比如常逛的超市、常消费的品牌，申请持有2~3张有相关优惠的联名信用卡，在刷卡的同时也能省钱，达到理财效果。

需要注意的是，用户在使用信用卡进行提前消费时，要尽量错开不同卡片相互之间的账单日和还款日，提高资金的流动性。如果持有的信用卡数量过多，一定要牢记还款日和需要每年刷卡的次数，避免产生年费和利息。

然而，信用卡是个人银行征信的一部分，不要轻易办卡，也不要办了信用卡不用，因为持卡人办了多少张信用卡，每张卡的使用情况在个人征信里都是可以体现的。此外，使用信用卡理财时，一旦发生风险事件，投资者容易出现没有足够的资金及时偿还信用卡的风险，还将面临信用卡的利息支出风险，这是得不偿失的。

10.5
京东白条

京东白条是京东（JD.COM）公司推出的一项面向个人消费者的消费金融业务，以京东会员的信用体系为依据。用户在京东消费时，享受"先消费、后付款"的信用赊购服务。京东白条在2014年2月面向用户公测后，获得公测京东白条资格的京东用户可以在获得白条额度、优惠券、优惠费率后，在京东使用"京东白条"进行消费。

当用户使用京东白条进行付款后，可以享受最长30天的延后付款期或最长24期的分期付款方式。京东白条支持用户购买京东网站的所有实物商品，并可以与其他优惠搭配使用。使用京东白条进行分期付款需支付一定服务费，费用根据用户的分期数来核定。

用户需要登录京东账户，才能申请"白条"的信用额度，包括用户的交易次数和购买商品数量等参数。用户登录京东账户后，在"我的京东"导航栏中选择"京东白条"，进入页面后点击【激活标题】命令，如图10-3所示。

图10-3　激活京东白条

点击图10-3中的【激活白条】命令后，用户需要填写个人身份信息，并绑定银行卡，同意京东白条的服务协议后即可激活京东白条。激活成功后，用户可以查看自身的实际信用额度，如图10-4所示。

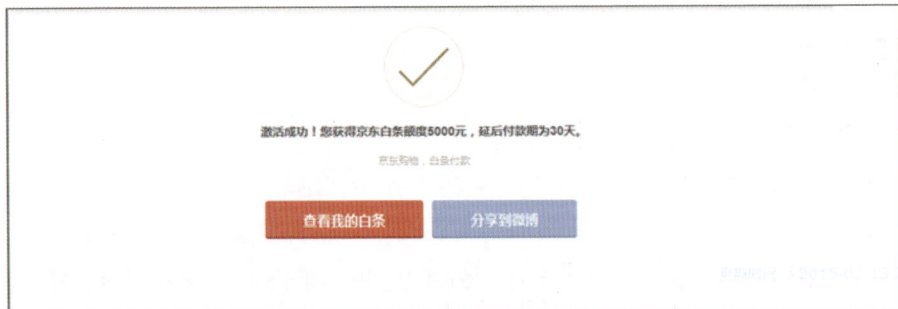

图10-4　查看实际信用额度

在图10-4中可以看出，激活京东白条后可用的额度为5000元，即表示该账户可以提前消费的最高金额为5000元。用户激活京东白条成功后，就可以在京东网站上购物并使用白条进行支付了，支付方式如图10-5所示。

图10-5　使用白条支付

当用户选择京东白条支付且不分期，则可以在30天后延期付款，不会产生费率。如果分期则会产生服务费。分期的费率标准是0.5%，如果用户选择分三期费率将是1.5%，如果12期则是6%。如果京东多次提醒用户到期未还款，违约金则是每日0.03%。

用户通过京东白条支付并选择不分期后，可以在30天内还款，还款操作也较为简单：登录京东账户并进入京东白条页面后，点击【合并付款】命令，可以选择全部订单付款，也可以选择白条中的某一期还款，完成后点击【立即付款】命令即可，如图10-6所示。

图10-6　京东白条还款

当页面跳转到京东的金融收银台后，用户选择还款银行卡，并输入银行卡相关信息，即可完成白条的还款操作。用户也可以将京东白条看作是一个免息期为30天的微型贷款，在免息期内，用户可以将这笔钱投入其他理财产品中，从而实现理财目的。

注意： 目前京东白条的信用额度一般为在3000～5000元，最高为1.5万元，京东会根据用户的实际情况分配可透支的额度。

10.6
支付宝花呗

2014年末，阿里巴巴集团上线的一款名为"花呗"的淘宝购买服务。在支付宝的官方网站上，花呗已经被安插到了支付宝的页面之内，有支付宝账号及淘宝购买历史记录的即可在页面上申请自己的额度，如图10-7所示。

图10-7　支付宝花呗

事实上，支付宝花呗与京东白条类似，也是一款信用透支服务。与天猫分期服务一样，支付宝花呗也属于阿里巴巴旗下的蚂蚁微贷。支付宝花呗作为阿里巴巴公司推出的一款面向个人消费者的消费金融业务，主要有以下三个特点。

（1）当月买，确认收货后下月再还款。

（2）免费使用消费额度购物。

（3）还款方便，支持支付宝自动还款。

支付宝花呗在使用之前必须先开通，点击图10-6中的【开通】命令，并输入支付宝的支付密码即可开通。开通完成后，用户可以查看花呗的可用额度，并在购物支付时选择使用花呗，如图10-8所示。

图10-8　使用支付宝花呗

　　支付宝花呗分期金额不能超过上个月应还金额（排除逾期费、分期手续费、分期出账本金部分）的90%。比如上个月的应还金额为10000元，其中包含以前申请的分期金额和手续费2000元，则本次最高分期金额为7200元。花呗还款也是非常简单的，用户可以从支付宝或是绑定的银行卡中还款到花呗中。

　　天猫和淘宝的大部分商户或商品都支持花呗服务，如果用户在付款时能看到花呗服务，表示该商品支持花呗。不支持花呗支付的类目有：腾讯QQ专区、网店/网络服务/软件、网络游戏点卡等。具体是否支持以收银台显示为准。

　　注意：支付宝会根据用户的购物情况，自动为每一个支付宝用户确定花呗的可用额度，因此每一个用户的可用额度可能是不同的，而目前"花呗"的额度范围是1000~30000元。

10.7
苏宁零钱贷

　　继京东白条、支付宝花呗之后，苏宁易购正式推出了面向消费者的小额代支付服务——零钱贷。苏宁零钱贷是苏宁金融打造的一款让购物款也能赚钱的创新金融产品，具有边购物边理财的特点。苏宁用户使用零钱贷购物后会获得为期30天的免息期。

由于京东白条和支付宝花呗各自都有配套的线上理财产品，京东有小金库，支付宝有余额宝，而苏宁的零钱宝和零钱贷自然也是亲密无间、相辅相成的关系。在苏宁零钱贷的使用中，用户只需开通零钱宝并存入一定金额的理财资金，即可快速开通零钱贷服务，用户购物支付时选择使用零钱贷支付后，等额的零钱宝资金将被冻结，但冻结资金依然可享受30天的收益。使用零钱贷支付之日起至第30天为还款日，易付宝将自动扣除相应金额的零钱宝资金用于还款，不用担心逾期，也没有任何的费用，非常方便，如图10-9所示。

图10-9　苏宁零钱贷

苏宁零钱贷的开通非常简单，主要有以下两种方式。

（1）收银台直接开通。零钱宝账户有份额的用户，点击使用零钱贷支付，支付的同时成功开通零钱贷，如图10-10所示。

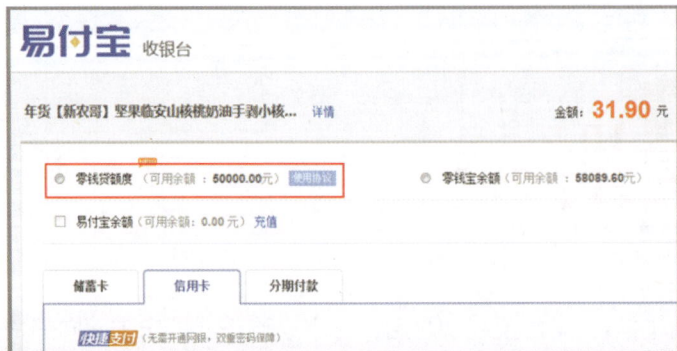

图10-10　开通苏宁零钱贷

（2）通过易付宝门户申请开通。用户需要首先登录易付宝，并点击【立即申请】命令进入信息确认页，当信息核实正确后，点击【确认】命令即申请成功，可获得一定的透支额度。

苏宁零钱贷的使用与京东白条、淘宝花呗类似，用户可以在苏宁网站上购买所有商品，并在支付页面选择，再通过零钱贷进行支付，并在30天内进行还款即可。同样的，苏宁零钱贷的额度也会根据用户的实际信用来分配。

10.8
微信信用卡

随着京东、苏宁和淘宝分别进入提前消费领域后，腾讯也不甘示弱，依托微信理财通、现金宝等产品，于2014年3月与中信银行、众安保险联合推出首张微信信用卡。微信信用卡不仅可以在手机上便捷地使用微信支付，还可以线下在中信、微信指定的特约商户进行扫码支付，首批将发放100万张。

微信信用卡拥有诸多的创新之处：一是做到了一分钟完成信用卡审批，即时可用，解决了实体信用卡审批繁琐的问题；二是利用了大数据技术进行风险评级，确定授信额度；三是引入了众安保险作为合作方，首次在信用卡领域引入保险模式，以降低客户信用风险及银行资产风险。

那么如何申请微信信用卡呢？用户可以进入微信页面，点击【通讯录】命令后，在新的朋友页面的文本框中输入信用卡后，选择"中信银行信用卡"进行关注，关注后显示的页面如图10-11所示。

当用户输入姓名、身份证号码、手机号

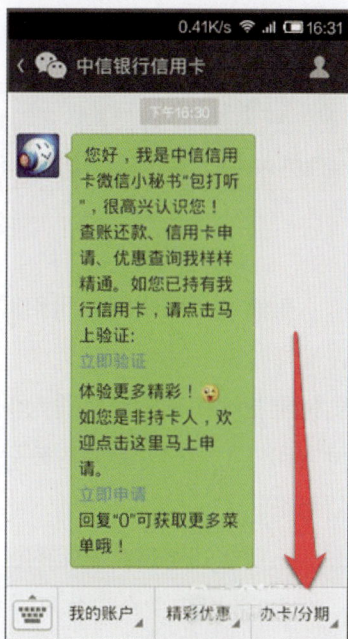

图10-11　申请微信信用卡

码等真实资料后，由中信银行进行审批，审批结果实时反馈。如果用户的微信信用卡审批通过，将自动开通中信微信信用卡，并绑定微信支付，用于可以支持微信支付的各种线上线下的购物场景。用户可通过微信查询账单，并通过微信便捷还款。

中信微信信用卡的额度分为三个档次：50元、200元和1000～5000元，用户可以根据自己的需求来申请额度。与其他提前消费产品类似，微信信用卡享有长达50天的免息期，无年费等任何费用。

事实上，不仅仅是腾讯与中信银行合作推出微信信用卡，阿里巴巴也在与银行合作推出支付宝信用卡，这些都属于网络虚拟信用卡。它们与普通的银行信用卡区别在于如下三个方面。

（1）虚拟信用卡一般仅限线上消费。

（2）虚拟信用卡额度为50元、200元和1000～5000元三档。

（3）虚拟信用卡免息期为38天，而银行信用卡免息期大约一个月，但在账单日第二天消费，可享受50～60天的免息期。

虚拟信用卡的申请办理操作在线上，且基于自身消费数据，审批将非常快。

10.9 提前消费产品比较

虽然许多互联网公司和零售业企业都相继推出了提前消费产品，但用户在选择这些产品时应该考虑自身情况，选择适合自己的产品。以京东白条、支付宝花呗和苏宁零钱贷为例，三者的申请非常简单快速，只要是京东、支付宝和苏宁用户，有对应账号，一分钟就可以完成申请和授信，并不需要有信用卡。

三者之间还是有一定的区别，主要表现在如下几个方面。

（1）用户受众群体不一样。花呗是在淘宝天猫购物时可享受的赊购服务，而京东白条是京东商城为京东用户提供的赊购服务，苏宁零钱贷是在苏

宁购物时的服务。如果平常只习惯在淘宝天猫购物，那么自然选择花呗。如果只在京东购物，自然选择白条；在苏宁购物则选择零钱贷。所以，提前消费产品的选择并不是难抉择的问题。

（2）逾期费率不一样。如果超出了三者的免息期，那么超出的逾期费率三者都不同。其中，苏宁零钱贷没有逾期费率；花呗逾期还款费用为每天未还金额的万分之五；京东白条违约为每天未还金额的万分之三。

（3）付款流程不一样。目前来看，京东白条还款的时候支持分期，花呗也支持分期还款，而其他产品则都不支持。

此外，三者之间还有一些其他方面的差别，比如还款日、消费额度、还款方式都有不同，提前消费产品的比较如表10-1所示。

表10-1　提前消费产品比较

项目	京东白条	支付宝花呗	苏宁零钱贷	微信信用卡
消费额度	一般3000元~5000元，最高1.5万元，支持京东商城全品类。	一般1000元~30000元，与天猫分期共享消费额度	最高申请额度为5万元，在此额度内关联零钱宝资金	分为50元、200元和1000-5000元三档
还款日	不固定，自消费日起30天免息，可分期付款	固定还款日，每月10日，最长可达40天	不固定，自支付之日起至第30天	不固定，自消费日起38天免息
还款方式	可通过网银钱包或京东金融APP还款	自动关联支付宝余额、余额宝、绑定银行卡还款	自动关联易付宝还款	自动关联财付通系统还款
逾期费率	万分之三	万分之五	无	分期总金额的百分之三

通过对表10-1比较可以发现，零钱贷与白条、花呗相比，在免息期方面并无特别的优势，尽管在申请额度方面要高一些，但这是以零钱宝的资产做抵押。可见，三者都是先消费后付款，苏宁零钱贷在规则上要比京东白条和支付宝花呗更加严格和谨慎。此外，如果将用于白条或花呗还款的钱存在其他宝宝类产品里，其收益也是可观的。

　　提前消费是现代人们的一种消费理念，也是一种理财的方法。本章首先通过部分案例介绍了提前消费的概念和优势，并简要介绍了信用卡作为提前消费的重要手段，也具有理财的功能。本章重点讲解了当前主流的几种互联网提前消费产品，有京东白条、支付宝花呗、苏宁零钱贷和微信信用卡等网络虚拟信用卡，对它们的功能、特点、申请和使用都分别做了具体说明。最后简要对比了这4种提前消费产品的消费额度、还款日、还款方式和逾期费率，以供用户参考。